GUÍA DE FIJOS DISCONTINUOS

Servicio de Estudios de la Confederación

Autores/as
FERNÁNDEZ AGUILAR, VIRGINIA
Servicio de Estudios de la Confederación UGT

JORGE DELGADO, LAURA
Servicio de Estudios de la Confederación UGT

LABORDA IBÁÑEZ, MANUELA
Servicio de Estudios de la Confederación UGT

PÉREZ CAPITÁN, LUIS
Secretario de Recursos y Estudios Confederal de UGT

PONCE ÁVILA, MARÍA CONSTANZA
Servicio de Estudios de la Confederación UGT

SIMANCAS MÉNDEZ, ICÍAR
Servicio de Estudios de la Confederación UGT

Dirección
LUIS PÉREZ CAPITÁN
Secretario de Recursos y Estudios Confederal de UGT

Vicesecretaría General de Política Sindical
Secretaría de Recursos y Estudios

Colección **Guías**

N.º 5

Coedita:
UGT
Ediciones Cinca, S.A.

Amb el suport de la Generalitat de Catalunya, la Diputació de Barcelona i l'Ajuntament de Barcelona

1.ª edición:
octubre de 2024

Diseño:
Juan Vidaurre
Ediciones Cinca, S.A.

Producción editorial, maquetación e impresión:
Grupo Editorial Cinca
General Ibáñez Ibero, 5-A
28003 Madrid
Tel.: 91 553 22 72
Fax: 91 554 37 90
grupoeditorial@edicionescinca.com
www.edicionescinca.com

Depósito Legal: M-24018-2024
ISBN: 978-84-10167-32-2

ÍNDICE

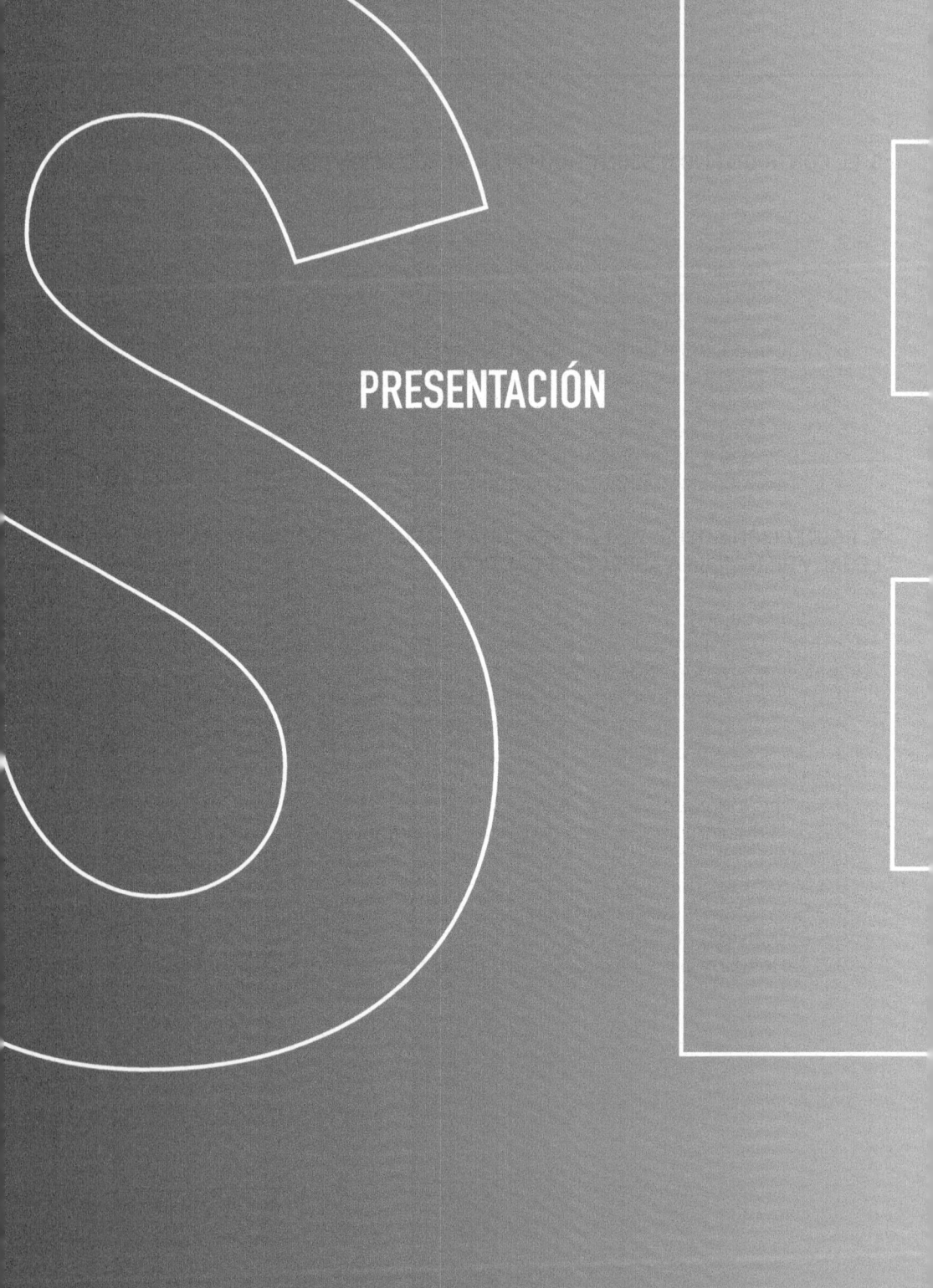

PRESENTACIÓN

PRESENTACIÓN

Es un honor presentar esta guía, elaborada por el Servicio de Estudios de la Confederación (SEC), en un momento en que el contrato fijo discontinuo ha adquirido una importancia crucial en el mercado laboral español. Desde la reforma laboral de 2021, esta modalidad de contrato ha experimentado una transformación significativa, no solo en su definición, sino también en su aplicación práctica, gracias al impulso y compromiso del Diálogo Social. Esta guía que hoy compartimos tiene el propósito de fortalecer la acción sindical en los centros de trabajo, proporcionando a nuestros delegados y delegadas una herramienta indispensable para abordar las cuestiones que puedan surgir en esta modalidad contractual.

Como bien sabemos, el contrato fijo discontinuo se ha convertido en una pieza central para reducir la temporalidad laboral y promover la estabilidad en el empleo. Esta guía ofrece una perspectiva exhaustiva y clara sobre su naturaleza jurídica, sus especificidades frente a otras modalidades de contratación y las nuevas ventajas para las personas trabajadoras. Desde 2021, el contrato fijo discontinuo no solo ha ganado peso en los sectores con trabajos de temporada, sino que también ha ampliado su alcance a zonas donde antes sólo anidaba la temporalidad, promoviendo el empleo indefinido y reduciendo la precariedad. En el presente libro, se analiza con extensión y rigor el contrato fijo discontinuo, acompañando a la norma y a la regulación colectiva, un importante aporte jurisprudencial, aportando reflexiones teóricas y practicas con el ánimo de profundizar en el conocimiento de esta importante modalidad contractual y de proporcionar soluciones a la problemática presente y futura que pudiera plantearse.

La publicación de esta guía representa un gran avance para la acción sindical. En un contexto donde las consultas y dudas en torno al contrato fijo discontinuo son frecuentes, esta guía se convierte en una fuente de conocimiento esencial para nuestros representantes en los centros de trabajo. Es un recurso práctico que clarifica cada uno de los aspectos que pueden plantear dudas en el uso de esta modalidad, desde los criterios de llamamiento hasta los derechos y obligaciones de las personas trabajadoras durante los periodos de inactividad. Con ella, nuestros delegados y delegadas están mejor preparados para asesorar y proteger los derechos de los trabajadores y trabajadoras fijas discontinuas, realizando con ello una acción sindical más eficaz.

A un mes de nuestro 44.º Congreso Confederal, quiero expresar, en nombre de la Vicesecretaría General de Política Sindical, un agradecimiento especial al Servicio de Estudios de la Confederación (SEC), a su máximo responsable, mi compañero de ejecutiva Luis Pérez Capitán, y a todas y cada una de las personas integrantes de ese servicio del que la UGT se siente especialmente orgullosa. Gracias a su labor meticulosa y al compromiso de un equipo de excelentes profesionales, hoy contamos con un instrumento sólido que apoya la formación y preparación de nuestros delegados y delegadas. Su dedicación en la investigación, estudio y divulgación de herramientas como esta guía refuerza nuestra acción sindical y proporciona a nuestra organización un medio eficaz para defender, con éxito, los intereses de la clase trabajadora.

Esperamos que esta guía sea ampliamente utilizada y que se convierta en una referencia para la defensa de los derechos de las personas trabajadoras en toda España. Es nuestra responsabilidad seguir trabajando juntos, para que este conocimiento llegue a cada delegado y delegada, y que, mediante el fortalecimiento de la UGT, sigamos construyendo un mercado laboral más justo y equitativo.

Fernando Luján de Frías
Vicesecretario General de Política Sindical UGT

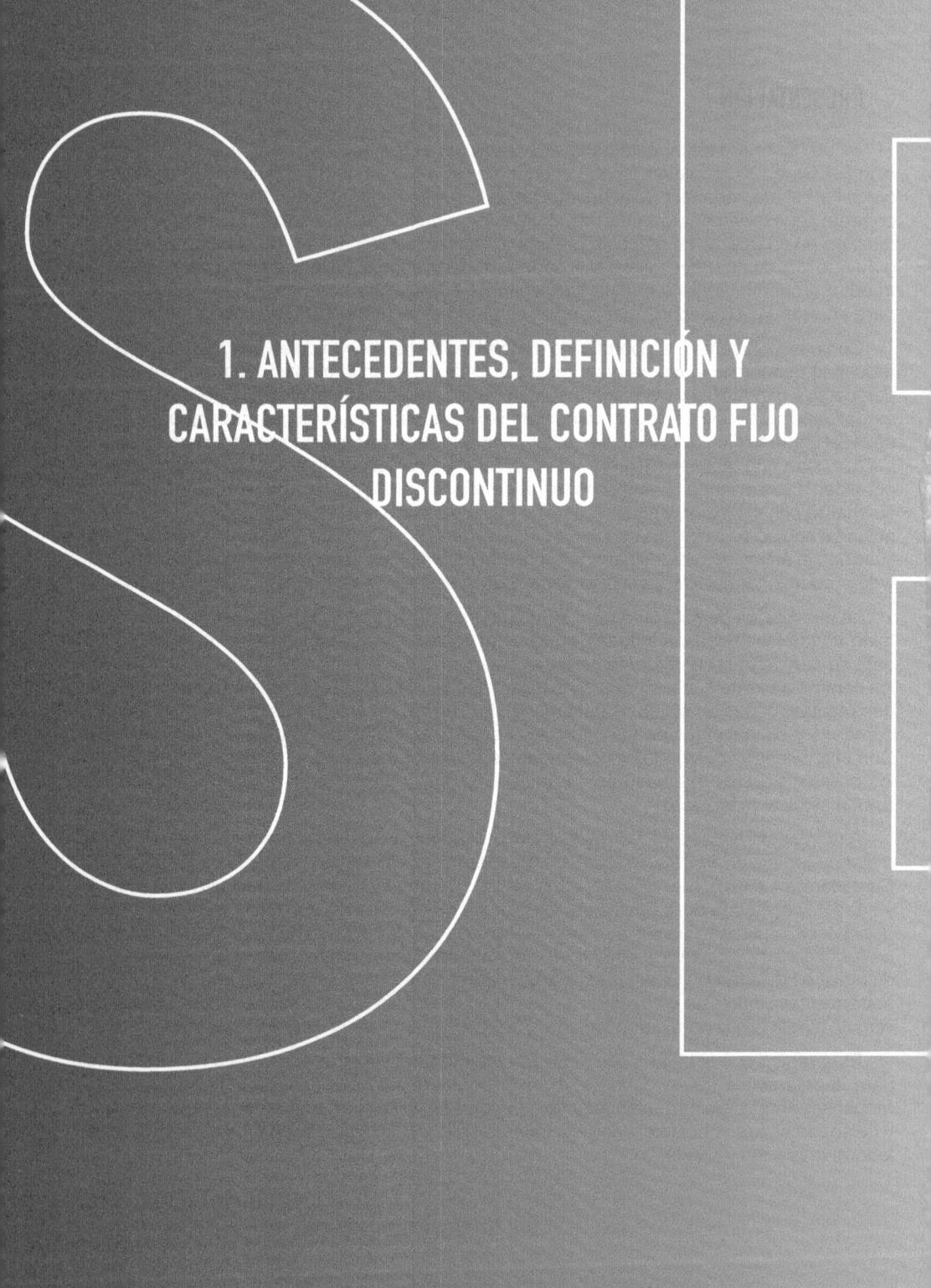

1. ANTECEDENTES, DEFINICIÓN Y CARACTERÍSTICAS DEL CONTRATO FIJO DISCONTINUO

1. ANTECEDENTES, DEFINICIÓN Y CARACTERÍSTICAS DEL CONTRATO FIJO DISCONTINUO

1.1. Algunos datos de interés

En los datos de afiliación a la Seguridad Social de septiembre de 2024, se registraron 962.766 personas afiliadas como fijas discontinuas. Esta cifra ha evolucionado positivamente, puesto que al comparar los datos de septiembre 2021 con los de 2024, se observa como en números absolutos se ha producido un incremento en 556.885 personas, triplicándose respecto al 2021. Este cambio en el tipo de las contrataciones ha supuesto que, siendo la modalidad menos utilizada sobre el conjunto de la contratación, ha pasado de tener un peso del 2,7 %, en 2021 al 5,7 %, en 2024.

Aumenta la afiliación en contratos fijos discontinuos

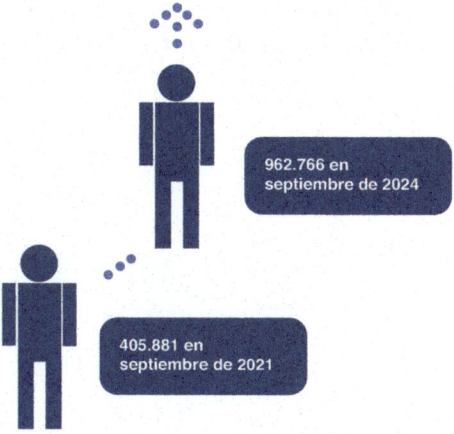

962.766 en
septiembre de 2024

405.881 en
septiembre de 2021

Gráfico n.º 1. Fuente: elaboración propia SEC UGT con datos de personas afiliadas a la Seguridad Social con contrato fijo discontinuo, BBDD Estadísticas TGSS, septiembre 2021-2024

De las personas **afiliadas a la Seguridad Social con contratos fijos discontinuos**, se observa que en el caso de las mujeres se utiliza en mayor medida frente al resto de tipologías indefinidas. Tanto la contratación fija discontinua como la parcial son predominantes entre las mujeres.

Comparativa de afiliación entre hombres y mujeres

	HOMBRES			MUJERES		
	JORNADA COMPLETA	JORNADA PARCIAL	FIJOS DISCONTINUOS	JORNADA COMPLETA	JORNADA PARCIAL	FIJOS DISCONTINUOS
Sept. 2024	5.914.845	764.293	**433.959**	3.771.695	1.682.265	**528.807**
Sept. 2021	4.572.436	480.293	**157.757**	2.977.487	1.170.478	**284.124**

Cuadro n.º 1. Fuente: elaboración propia SEC UGT con datos de BBDD Estadísticas TGSS, septiembre 2021-2024.

1.2. Antecedentes

En un contexto histórico, la regulación del contrato fijo discontinuo ha experimentado distintos cambios que han determinado la evolución de la legislación en esta materia, tanto en lo que concierne a su naturaleza jurídica, como a su propia definición.

REGULACIÓN HISTÓRICA DEL FIJO DISCONTINUO

1976 • Primera regulación legal de la figura del contrato fijo discontinuo

1980 • Art.15.1 ET se regula junto al contrato temporal

1984 • Art.15.6 ET, nuevo apartado, sale del listado de contrato temporal

1994 • Art.12 ET, se regula junto al contrato a tiempo parcial

2001 • Art. 15.8 ET se regula junto al temporal

2015 • Del art. 15.8 ET pasa al art. 16 ET

2021 • Nuevo art. 16 ET

Gráfico n.º 2. Fuente: elaboración propia SEC UGT.

La primera vez que se reguló este contrato fue en la Ley 16/1976, de 8 de abril[1], sobre Relaciones Laborales, otorgando la consideración de «fijos discontinuos» a las personas trabajadoras que llevasen a cabo «trabajos *fijos en la actividad de la empresa, pero de carácter discontinuo*». La nueva regulación incluía la obligación de llamada cada vez que los trabajos fueran a realizarse, incorporando la consideración del despido cuando aquella no tuviera lugar.

En 1980, se produce la primera modificación de esta figura en el Estatuto de los Trabajadores[2] (ET), concretamente es en su art. 15.1, identificándolos con

---

[1] Ley 16/1976, de 8 de abril, de Relaciones Laborales, BOE 21-04-1976, núm. 96.
[2] Ley 8/1980, de 10 de marzo, del Estatuto de los Trabajadores, BOE 14-03-1980 núm. 64.

«*trabajos fijos y periódicos en la actividad de la empresa, pero con carácter discontinuo*» y, aunque de forma anómala fue regulado junto al contrato temporal, el ET agregó que «*los trabajadores que realicen tal actividad deberán ser llamados cada vez que vaya a realizarse y tendrán la consideración, a efectos laborales, de fijos de trabajos discontinuos*», manteniendo el despido en el caso de incumplimiento del llamamiento, al igual que en la Ley 16/1976[3].

Posteriormente, la reforma introducida en la Ley 32/1984, de 2 de agosto[4], marcó aún más la diferencia entre contrato temporal vs contrato fijo discontinuo, evidenciando que no se trataba de un contrato temporal, aunque su regulación dentro del art. 15 ET mantenía la confusión.

En 1994, se modificó nuevamente este contrato a través del RD Ley 18/1993, de 3 de diciembre, ratificado por la Ley 10/1994, de 19 de mayo[5], y pasa a considerarse como una modalidad del contrato a tiempo parcial.

En el año 2001, se produce una nueva reforma con el RD Ley 5/2001, de 2 de marzo, ratificado por la Ley 12/2001, de 9 de julio[6], para evitar que los contratos de temporada con «fecha incierta» se convirtieran en precarios cuando se aplicase la flexibilidad del trabajo a tiempo parcial. Se traslada su regulación al art. 15.8 ET junto al temporal, de modo que el contrato de «fecha incierta» sorteaba esa precariedad a la par que el de «fecha cierta» permanecía dentro del trabajo a tiempo parcial.

En 2015, el RD Legislativo 2/2015, de 23 de octubre[7], desvinculó el contrato fijo discontinuo de la ubicación del contrato temporal, adquiriendo de este modo autonomía normativa. En ese momento, el contenido del art. 15.8 pasa a formar parte del art. 16 ET.

---

[3] LOUSADA AROCHENA, J. F.: *El contrato fijo discontinuo tras la reforma laboral,* Básicos de Derecho social 131. Editorial Bormazo, pág. 13.
[4] Ley 32/1984, de 2 de agosto, sobre modificación de determinados artículos de la Ley 8/1980, de 10 de marzo, del Estatuto de los Trabajadores, BOE 04-08-1984, núm. 186.
[5] Real Decreto Ley 18/1993, de 3 de diciembre, de Medidas Urgentes de Fomento de la Ocupación; Ley 10/1994, de 19 de mayo, sobre medidas urgentes de fomento de la ocupación BOE 07-12-1993, núm. 292.
[6] Ley 12/2001, de 9 de julio, de medidas urgentes de reforma del mercado de trabajo para el incremento del empleo y la mejora de su calidad, BOE 10-07-2001, núm. 164.
[7] Real Decreto Legislativo 2/2015, de 23 de octubre, por el que se aprueba el texto refundido de la Ley del Estatuto de los Trabajadores, BOE 24-10-2015, núm. 255.

Sin embargo, esta evolución normativa continuaba arrastrando dos grandes dificultades:

- Por un lado, se mantenía una estrecha vinculación con el trabajo temporal.
- Por otro, seguían sin unificarse los diferentes supuestos de contratación fija discontinua en un único contrato.

Por ello, con la aprobación del Real Decreto Ley 32/2021, de 28 de diciembre, sobre medidas urgentes para la reforma laboral, la garantía de la estabilidad en el empleo y la transformación del mercado de trabajo, se **otorgó plena autonomía normativa al contrato fijo discontinuo**, al desaparecer el contrato fijo periódico. La nueva regulación del art. 16 ET lo diferencia del contrato parcial y del temporal, para transformarlo en un artículo mucho más desarrollado, que contiene tres grandes cambios:

1. **Eliminación de la distinción entre fijos periódicos y fijos discontinuos**, homogenizando así los derechos, pero sobre todo protegiendo a los fijos discontinuos frente a la «precariedad[8]». En la redacción del art. 16 ET, desparece la distinción de régimen jurídico entre los contratos fijos periódicos y los fijos discontinuos evitando que se puedan producir diferencias de trato injustificadas.

---

[8] LOUSADA AROCHENA, J. F.: *El contrato fijo discontinuo…*, *op. cit.*, págs. 14 y 15.

TRABAJADORES/AS FIJOS DISCONTINUOS VS TRABAJADORES/AS FIJOS Y PERIÓDICOS	
Trabajadores/as fijos y periódicos	**Trabajadores/as fijos y discontinuos (FD)**
Concepto: Las personas trabajadoras prestan sus servicios en determinados periodos de actividad que se repiten *en fechas ciertas*.	**Concepto:** Prestan sus servicios en determinados periodos de actividad que se repiten **en fechas inciertas**. La fecha no puede depender de la decisión de la empresa, depende de factores objetivos y debe ser conocida en el sector.
Regulación básica: Se les aplica el régimen de trabajo a tiempo parcial (art. 12 ET).	**Regulación básica:** Se les aplica una regulación singular: «**orden de llamada**» (art. 16 ET). Las personas trabajadoras FD serán llamadas en el orden y forma que se determine en los respectivos convenios colectivos.

EN AMBOS CASOS, SE EXIGE:
- Realizar el contrato por escrito en el modelo oficial
- Deberá figurar una indicación sobre la duración estimada haciendo constar, de manera orientativa, la jornada laboral estimada y su distribución horaria

Cuadro n.º 2. Fuente: elaboración propia SEC UGT con datos de LEFEBVRE[9].

2. **Ampliación del ámbito del trabajo** fijo discontinuo al permitirlo dentro de las contratas y empresas de trabajo temporal (ETT).
3. **Introducción de novedades en los derechos** de las personas fijas discontinuas, tales como:
   - El **carácter indefinido** en la relación laboral, que se sobreentiende en el derecho al llamamiento.
   - El **principio de no discriminación** e igualdad de trato.
   - El reconocimiento a **su papel en la negociación colectiva**.

[9] ARAGÓN GÓMEZ, C.: «El contrato fijo discontinuo tras el RD Ley 32/2021», *Formación Lefebvre*, pág. 5.

1.2.1. Motivos de la reforma laboral para los contratos fijos discontinuos

Uno de los motivos por los que se lleva cabo la reforma laboral es la necesidad de abordar la elevada tasa de temporalidad que presentaba nuestro mercado de trabajo. Así pues, los principales objetivos en este ámbito son reducir la temporalidad y fomentar la contratación indefinida.

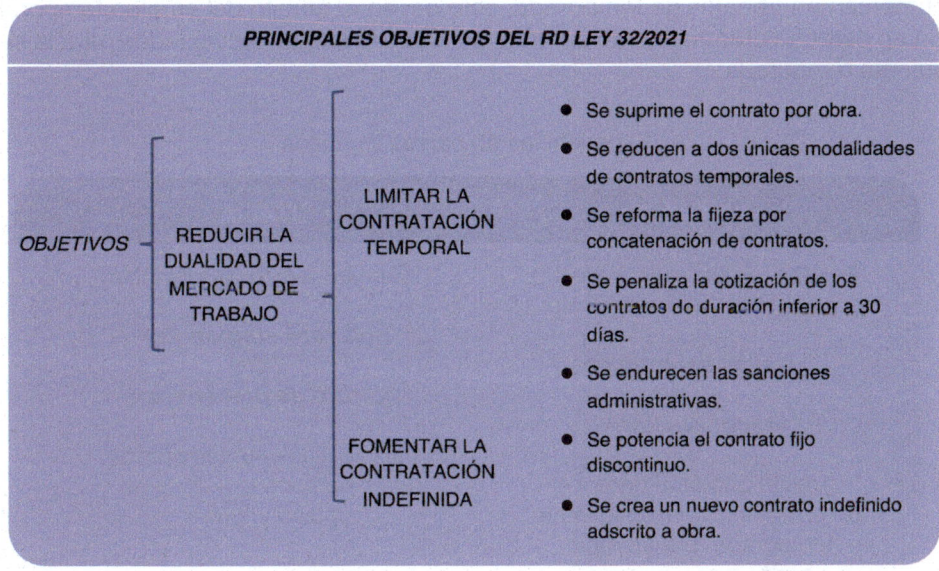

Cuadro n.º 3. Fuente: elaboración propia SEC UGT con datos de LEFEBVRE[10].

1.3. Experiencias en países cercanos: Francia e Italia

En FRANCIA, se denomina a esta modalidad contractual *«travail saisonnier»*, para las tareas que van a repetirse de forma anual y en fechas casi siempre fijas o estacionales; como ocurre en la agricultura o el turismo, independientemente de la voluntad que tenga el empleador. Y se canaliza como contrato de duración determinada, aunque se admita pactar una *«reconduction»* que otorga derecho de preferencia del puesto de trabajo para la siguiente temporada[11].

---

[10] ARAGÓN GÓMEZ, C.: «El contrato fijo discontinuo tras el RD Ley 32/2021», *Formación Lefebvre*, pág. 16.
[11] LOUSADA AROCHENA, J. F.: *El contrato Fijo discontinuo…*, *op. cit.*, pág. 18.

En ITALIA, la figura que lo prevé es el «lavoro stagionale», se trata de un contrato a término de empleo temporal, pero para actividades que se produzcan en ciertos periodos del año. No obstante, se reconoce un «diritto de precedenza» para la siguiente temporada, siempre y cuando la persona lo solicite en forma y plazo, quedando la ventaja de preferencia[12].

Sin embargo, en ambos países los contratos de trabajo fijos discontinuos se enmarcan en trabajos de temporada, esto es, en el ámbito del empleo temporal sin un derecho al llamamiento automático, cuando surjan necesidades para la siguiente temporada.

Experiencias en países cercanos

FRANCIA	ITALIA
Empleo temporal sin derecho automático al llamamiento **«travail saisonnier»** **CON** **«reconduction»** Admite pactar el derecho de preferencia en la siguiente temporada (por ejemplo, agricultura y turismo).	Empleo temporal a término **«lavoro stagionale»** **CON** **«diritto de precedenza»** para la siguiente temporada si la persona lo solicita en plazo y forma.

Cuadro n.º 4. Fuente: elaboración propia SEC UGT.

Por otro lado, en el Derecho de la UE, una persona trabajadora fija discontinua es considerada un trabajador/a tiempo parcial, según la Directiva 97/81/CE del Consejo, de 15 de diciembre de 1977[13].

---

[12] LOUSADA AROCHENA, J. F.: *El contrato Fijo discontinuo…, op. cit.,* págs. 13 y 19.
[13] LOUSADA AROCHENA, J. F.: *El contrato Fijo discontinuo…, op. cit.,* pág. 19.

1.4. Definición

Trabajo fijo discontinuo
«Es el que se realiza de modo interrumpido a lo largo del tiempo debido a la naturaleza de la actividad productiva, cuando esta se desarrolla por ciclos, campañas o fechas determinadas y solo puede trabajarse al reactivarse la producción»[14].

Cuadro n.º 5. Fuente: elaboración propia SEC UGT.

En efecto, se trata de una actividad no permite un desarrollo continuo, sino que alterna fases de trabajo con periodos en los que no se trabaja, pero que se reactivan en función de la producción.

Gráfico n.º 3. Fuente: elaboración propia SEC UGT.

Con carácter general, en esta modalidad de contrato se prestan servicios en periodos que exigen una ejecución de manera discontinua a lo largo del tiempo, es decir durante determinados días laborables del calendario anual. Es el caso de los trabajos de temporada, concretamente en actividades agrícolas y ganaderas, o ciertas actividades de ocio o cultura. Cuando la actividad productiva se desarrolla en fechas determinadas o campañas.

Es por ello que se puede afirmar que el trabajo fijo discontinuo supone una prestación de servicios reducida en términos anuales, pues no se realiza el trabajo todos los días laborables del año.

---

[14] *Aranzadi Digital:* «Modalidades de contrato: Contrato para trabajos fijos discontinuos». 2003/41, pág. 1.

Dada la definición y los cambios normativos que ha experimentado, podemos señalar que la figura del contrato fijo discontinuo engloba una serie de conceptos que se muestran en el cuadro adjunto para poder comprender su naturaleza jurídica, así como su alcance y contenido.

PRINCIPALES ASPECTOS	
Fechas determinadas	Trabajos fijos discontinuos realizados en fechas concretas que pueden tener interrupciones programadas o previsibles.
Fechas indeterminadas	Trabajos de fechas inciertas, con interrupciones más aleatorias o irregulares.
Fases trabajo	Trabajos donde las fases se van alternando con periodos de actividad e inactividad.
Interrupción	La interrupción de la actividad se debe a su propia naturaleza y es previsible y puede ser programada, aunque también puede depender de factores más aleatorios o imprevisibles.
Suspensión	El contrato en el periodo de no trabajo, no se suspende ni se extingue.
Llamamiento	Es la llamada que hace la empresa a la persona trabajadora al comenzar cada periodo de actividad.

Cuadro n.º 6. Fuente: elaboración propia SEC UGT.

1.5. Articulación normativa

El contrato de trabajo fijo discontinuo es una modalidad vinculada a una actividad permanente o duradera, aunque su ejecución se ciña a periodos de actividad e inactividad. Por ello, destaca su inclusión en la categoría de contrato indefinido que, como cualquier contrato de esta naturaleza, puede terminar por las causas de extinción que le son propias.

La característica principal de esta modalidad contractual es su reincidencia en el tiempo lo que genera el derecho al llamamiento[15]. Se trata de una comuni-

[15] Esta cuestión se abordará en profundidad en las siguientes páginas de esta Guía.

cación empresarial que se realiza para que la persona trabajadora pueda reincorporarse al puesto de trabajo y debe realizarse por escrito, con el fin de dejar constancia de que la persona interesada recibe dicha notificación con una antelación adecuada, de forma clara y precisa, informándole sobre cómo ha de ser su incorporación (art. 16.3 ET).

En este sentido, la representación legal de las personas trabajadoras (RLPT) deberá ser informada con antelación, al inicio de cada año natural, respecto al calendario de previsiones de llamamientos y de los datos de las altas efectivas de las personas fijas discontinuas.

Aparte del llamamiento, otros derechos reconocidos a las personas trabajadoras son los que se sintetizan en el siguiente gráfico, sin perjuicio de su exposición más detallada en apartados posteriores:

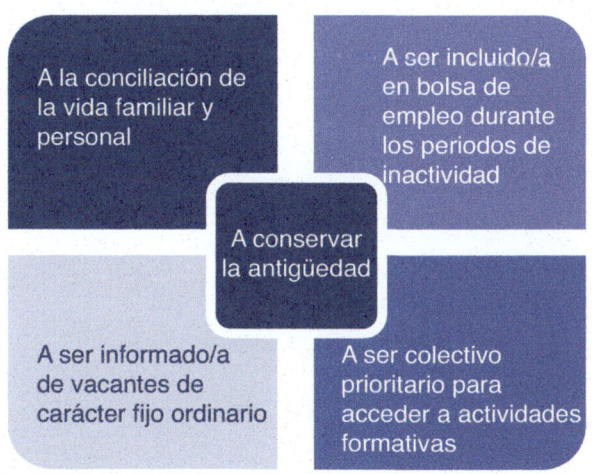

Gráfico n.º 4. Fuente: elaboración propia SEC UGT.

El RD 32/2021 ha mejorado algunos aspectos que afectan a las personas con contratos de trabajo fijo discontinuo, convirtiendo los períodos de inactividad en oportunidades de empleo en dos direcciones[16]:

___

[16] ARAGÓN GÓMEZ, C.: «El contrato fijo discontinuo tras el RD Ley 32/2021», *Formación Lefebvre*, pág. 13.

- Una al reconocer a los trabajadores/as fijos discontinuos como un colectivo prioritario de acceso a las posibles actividades formativas del sistema de formación profesional para el empleo (art. 16.8 ET), lo que repercute en la mejora de su empleabilidad.

- Otra al posibilitar a los convenios colectivos sectoriales que establezcan bolsas de empleo en su sector para que se pueda incluir a este colectivo durante los períodos de inactividad, lo que repercute favorablemente en su contratación.

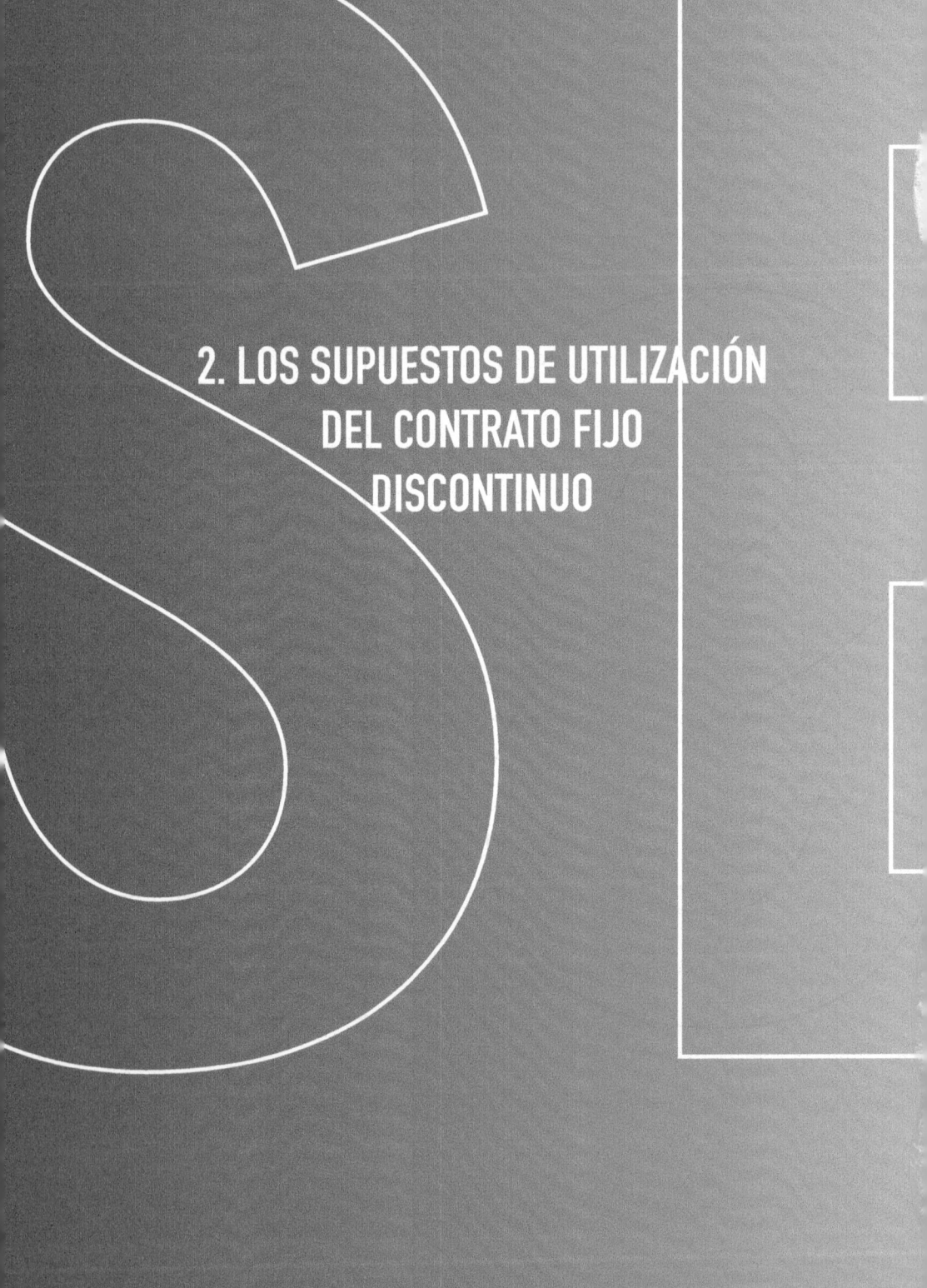

2. LOS SUPUESTOS DE UTILIZACIÓN DEL CONTRATO FIJO DISCONTINUO

2. LOS SUPUESTOS DE UTILIZACIÓN DEL CONTRATO FIJO DISCONTINUO

El contrato fijo discontinuo, está diseñado para abarcar aquellos trabajos que se desarrollan de forma intermitente pero estable[17]. No obstante, tras la reforma del año 2021, se contemplan cuatro supuestos para los que pueden ser concertados:

- La realización de trabajos de naturaleza estacional o vinculados a actividades productivas de temporada.
- El desarrollo de aquellos que no tengan dicha naturaleza pero que, siendo de prestación intermitente, tengan periodos de ejecución ciertos, determinados o indeterminados.
- El desarrollo de trabajos consistentes en la prestación de servicios en el marco de la ejecución de contratas mercantiles o administrativas que, siendo previsibles, formen parte de la actividad ordinaria de la empresa.
- Las relaciones entre una empresa de trabajo temporal (en adelante ETT) y una persona contratada para ser cedida, coincidiendo en este caso los periodos de inactividad con el plazo de espera entre contratos.

En principio, es la naturaleza cíclica y la actividad homogénea, desarrollada durante ciclos temporales separados, pero reiterados en el tiempo, lo que determina la calificación jurídica de la relación laboral como fijo discontinuo[18], pero la nueva regulación incluye en su concepto normativo supuestos tales como las ejecuciones de contratas que no tiene por qué poseer tal cualidad.

---

[17] La redacción anterior del art. 16.1 ET permitía el contrato fijo-discontinuo *«para realizar trabajos que tengan el carácter fijo-discontinuos y no se repitan en fechas ciertas, dentro del volumen normal de actividad de la empresa»*.

[18] Por todas, STSJ de Andalucía núm. 1960/2022, de 30 de junio.

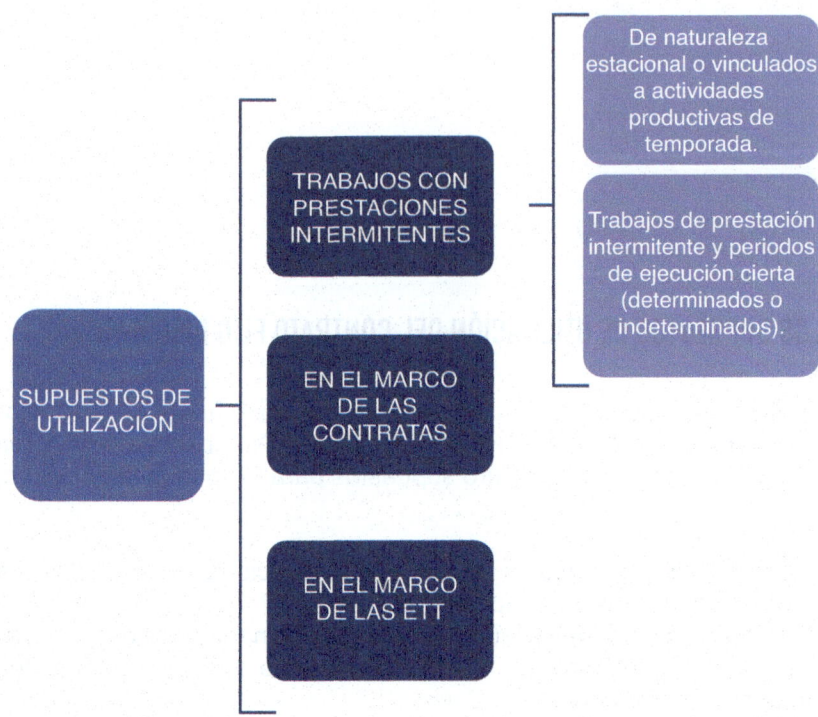

Gráfico n.º 5. Fuente: elaboración propia SEC UGT.

2.1. El contrato fijo discontinuo de naturaleza estacional o vinculado a actividades productivas de temporada

Esta modalidad contemplada en el apartado primero del art. 16 ET, responde a la noción clásica de los trabajos estacionales o de temporada. Es decir, aquellos supuestos en los que la empresa no necesita a la persona trabajadora de forma continua durante todo el año, pero sí en periodos de tiempo recurrentes e intermitentes durante cada ejercicio.

CARACTERÍSTICAS

- Los trabajos se realizan por la empresa cada temporada o campaña.
- La intensidad de los trabajos puede variar, pero tienen carácter discontinuo, con periodos de interrupciones, que se suspenden y reanudan.
- La actividad laboral se puede desarrollar tanto en empresas no permanentes que sólo realizan actividades de temporada, como en empresas permanentes que realizan actividades cíclicas en algunas épocas del año.
- La discontinuidad viene determinada por factores externos.

Gráfico n.º 6. Fuente: elaboración propia SEC UGT.

Lo relevante en este tipo de contratos es la existencia de interrupciones en la actividad laboral. Es inherente al contrato fijo discontinuo que haya intervalos temporales en los que no se presten servicios por la disminución o carencia de la actividad de la empresa.

STS núm. 951/2020, de 28 de octubre: si no existen interrupciones en la actividad laboral, estamos ante una contratación fija continua.

«El contrato fijo discontinuo se reconoce para atender necesidades empresariales y trabajos que son, por su propia naturaleza, discontinuos (periodos en los que se trabaja seguidos de periodos en los que no se trabaja), pero no es el contrato adecuado para los casos en los que el trabajo es continuo, toda vez que siempre se trabaja y no hay periodos en que no se trabaja. En estos últimos supuestos, el contrato adecuado es el fijo continuo u ordinario y no el fijo-discontinuo, por la sencilla razón de que no hay periodo alguno de discontinuidad».

El periodo de actividad puede tener una duración estimada, por lo que puede existir una disparidad entre lo fijado en el contrato por las partes, y el periodo efectivo de desempeño de la actividad.

> **STSJ Sevilla núm. 1960/2022, de 30 de junio: la duración del periodo de actividad de la contratación se fija de manera estimada.**
>
> *«La redacción del art. 16 del ET (tanto antes como después de la reforma operada por el Real Decreto-ley 32/2021, de 28 de diciembre) prevé que la duración del periodo de actividad de la contratación se fije de manera estimada, pero no existe vínculo alguno de una duración concreta, que es lo que sucede en el caso del actor, donde se fija una duración estimada de cuatro meses, pero que en la cláusula adicional firmada por el mismo trabajador añade que la duración efectiva podrá variar (…) conforme con la esencia del contrato fijo-discontinuo, donde la duración del trabajo efectivo para el que es llamado el trabajador, está íntimamente unida con la duración de la actividad de la empresa».*

La intermitencia que caracteriza al trabajo fijo-discontinuo **debe ser causal**, concurre un elemento externo al contrato que condiciona y define el programa de prestación. Conforme a la jurisprudencia, son ejemplos de actividades afectadas por intermitencia estacional o de temporada: las actividades agrícolas y ganaderas, las actividades de ocio y recreo, y las actividades vinculadas a las campañas.

> **STS núm. 351/2018, de 26 de marzo: prevención y extinción de incendios forestales.**
>
> La demandante fue contratada como personal laboral adscrito al Servicio de Prevención y Defensa contra Incendios Forestales de la Xunta de Galicia, para dar apoyo en las campañas de verano, procediéndose a formalizar la relación laboral mediante contratos de interinidad para cubrir puestos de carácter discontinuo, con un periodo máximo de actividad anual de 3 meses (años 2004 a 2006 y año 2011).
>
> El Tribunal Supremo resuelve que nos hallamos *«en presencia de campañas cíclicas que suelen finalizar en septiembre u octubre y comenzar en julio y de ahí que debamos advertir en la contratación de la demandante los signos propios de una contratación de carácter discontinuo que se ha venido llevando a cabo de manera fraudulenta en cuya apreciación no debe influir el tiempo transcurrido desde la terminación de la campaña anterior y el inicio del nuevo contrato».*

Así mismo, la Audiencia Nacional ha resuelto que la impartición por docentes de actividades curriculares es una actividad permanente, y no cíclica, permitiendo que la negociación colectiva establezca límites a la contratación a través de la modalidad de fijos-discontinuos[19].

SAN núm. 19/2023, de 21 de febrero: convenio colectivo sobre actividad curricular escolar.

«Es esta limitación que conecta con el derecho a la libertad del empresario a elegir la modalidad de contratación que emplee para sustanciar las relaciones con sus empleados, la que debe analizarse, al objeto de decidir si la misma se encuentra justificada y resulta proporcionada a un fin legítimo (…)

Se dice por la asociación demandante que la actividad de dichos docentes se corresponde con la contratación fija discontinua, al interrumpirse su actividad laboral durante la época estival, desde junio a septiembre, sin que este tribunal pueda compartir dicha conclusión (…) confirmando el criterio mantenido en la instancia por el que se dice que «la actividad de la enseñanza general básica es en sí misma una actividad permanente y no cíclica, que goza de unas vacaciones superiores a las previstas como mínimas en el artículo 38 del Estatuto, vacaciones que en el personal administrativo son siempre más reducidas que en el docente por tener que hacerse cargo al comienzo del curso de las tareas de matriculación previas al inicio de la docencia y al final del mismo igualmente ha de prolongar su trabajo con actas, certificaciones, etc., más allá de la terminación del curso escolar».

---

[19] El XI Convenio Colectivo Nacional de Centros de Enseñanza Privada de régimen general o enseñanza reglada sin ningún nivel concertado ni subvencionado (publicado en el BOE de 12 de abril de 2022), a través de su art. 17 bis, no permite contratar bajo la modalidad de fijo discontinuo a los docentes que imparten actividades curriculares. La Asociación de Centros Independientes y Familiares de la Enseñanza (ACIFE) interpuso demanda en materia de impugnación del Convenio Colectivo, por la que solicitó que se declarase la nulidad del mencionado artículo, lo que dio lugar a la sentencia analizada.

2.2. El contrato fijo discontinuo de prestación intermitente y ejecución cierta (determinada o indeterminada)

Además de los contratos fijos discontinuos para las contratas mercantiles o administrativas y las empresas de trabajo temporal que se verá en los apartados siguientes, de la nueva redacción del art. 16 ET se desprenden dos modalidades diferenciadas para el contrato fijo discontinuo: una primera, estudiada en el apartado anterior, para la realización de trabajos estacionales o de temporada, y una segunda para las prestaciones de trabajo intermitentes.

El art. 16.1 ET señala que, el contrato por tiempo indefinido fijo-discontinuo se concertará para la realización de trabajos que, siendo de prestación intermitente, tengan periodos de ejecución ciertos, determinados o indeterminados.

Es importante recordar que, existe un contrato fijo de carácter discontinuo cuando, con independencia de la continuidad de la actividad de la empresa, se produce una necesidad de trabajo de carácter intermitente o cíclico, es decir, en intervalos temporales separados pero reiterados en el tiempo y dotados de una cierta homogeneidad. A diferencia de un contrato temporal en el que la necesidad de trabajo es, en principio, imprevisible y queda fuera de cualquier ciclo de reiteración regular[20].

Lo relevante en este tipo de contratos es la certeza de su ejecución (previsible ej. campaña IRPF, organización de congresos, ferias, eventos, montaje espectáculos artísticos). Debe obedecer a una razón objetiva externa a la empresa y nunca la intermitencia puede depender de la decisión unilateral de las partes.

PRESTACIÓN INTERMITENTE EJECUCIÓN CIERTA → Determinados Indeterminados

Gráfico n.º 7. Fuente: elaboración propia SEC UGT.

---

[20] Por todas, STS núm. 6133/2011, de 22 de septiembre y STS núm. 5020/2012, de 24 de abril.

CARACTERÍSTICAS

- Se utiliza para cubrir prestaciones laborales intermitentes, periódicas y de ejecución cierta que se deben prever en el contrato.
- La actividad llevada a cabo forma parte de la actividad normal, habitual y permanente de la empresa.
- La actividad laboral se presta en un periodo de tiempo previsible o estimado.
- La discontinuidad viene determinada por factores externos a la propia empresa.
- La intermitencia no puede depender de la decisión unilateral de la empresa, ni de la voluntad de las partes.

Gráfico n.º 8. Fuente: elaboración propia SEC UGT.

STSJ Comunidad Valenciana núm. 1801/2023, de 13 de junio: existe un contrato fijo de carácter discontinuo cuando se produce una necesidad de trabajo en intervalos temporales separados pero reiterados en el tiempo y dotados de una cierta homogeneidad.

*«(…) en el presente caso nos encontramos ante una contratación indefinida discontinua de las previstas en el artículo 16.1 del ET tanto en su redacción actual como en su redacción vigente a fecha del reconocimiento del derecho reclamado. La enseñanza de adultos no es una competencia propia del ayuntamiento conforme se desprende de lo dispuesto en los artículos 25 y 26 de la Ley 7/1985, de 2 de abril, Reguladora de las Bases del Régimen Local y si una actividad delegada asumida únicamente por algunas entidades locales en los términos previstos en el artículo 27 del citado texto legal, que lo asocia a la correspondiente dotación presupuestaria. Por lo tanto, **nos encontramos ante un contrato delimitado por dicha delegación de competencias y diferenciado del sistema de enseñanzas regladas que se desarrolla de forma cíclica y en un intervalo temporal acotado y variable»**.*

2.3. El contrato fijo discontinuo en el marco de las contratas

Esta modalidad fue introducida por la reforma de 2021 y regula el desarrollo de trabajos consistentes en la prestación de servicios en el marco de la ejecución de **contratas mercantiles o administrativas** que, siendo previsibles, formen parte de la actividad ordinaria de la empresa.

En consecuencia, el párrafo segundo del art. 16.1 ET permite que la anterior cobertura de contratas a través del contrato temporal para obra o servicio se encauce ahora a través del contrato fijo discontinuo[21].

Esta figura contractual ha evolucionado su regulación a lo largo del tiempo. Inicialmente, el Tribunal Supremo admitió que las personas trabajadoras adscritas a la contrata fueran empleadas a través de contratos de duración determinada por obra o servicio.

En el contrato de trabajo para obra o servicio determinado, era necesaria la concurrencia simultánea de los siguientes elementos:

- Que la obra o servicio que constituya su objeto, presente autonomía y sustantividad propia dentro de lo que es la actividad laboral de la empresa.
- Que su ejecución, aunque limitada en el tiempo, sea en principio de duración incierta.
- Que en el contrato se especifique e identifique, con precisión y claridad, la obra o el servicio que constituye su objeto.
- Que, en el desarrollo de la relación laboral, la persona trabajadora sea normalmente ocupada en la ejecución de obra o en el cumplimiento de servicio y no en tareas distintas.

La jurisprudencia sostenía que un servicio que en principio tenía una duración permanente, pudiera ser objeto de un contrato de obra o servicio determinado cuando para la empresa la realización de ese servicio quedaba, en la práctica, limitado en el tiempo, no por el carácter de aquél, sino por las condiciones en que se había pactado su realización con un tercero y por cuenta de éste[22].

---

[21] LÓPEZ VALAGUER, M.: «El contrato fijo discontinuo: nuevo tratamiento legal y convencional y primeros problemas de aplicación práctica». *Revista de Derecho del Trabajo,* vol. 2, núm. 2, pág. 105.
[22] STS de 15 de enero de 1997, rec. 3827/1995.

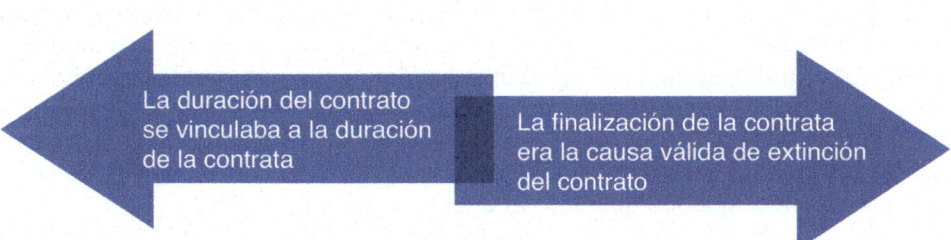

Gráfico n.º 9. Fuente: elaboración propia SEC UGT.

Posteriormente, la jurisprudencia evolucionó introduciendo ciertas limitaciones en relación con la licitud de la utilización del contrato de obra o servicio determinado para atender el desarrollo de contratas.

Así, en el ámbito de las Administraciones públicas, el Tribunal Supremo determinó que la admisión de la utilización del contrato para obra o servicio determinado no era absoluta, sosteniendo que el hecho de que la actividad esté sujeta a dotación presupuestaria anual, a los efectos de calificar la permanencia o temporalidad de la actividad, es irrelevante[23].

En relación con la procedencia de la extinción contractual, sostuvo que no era causa de extinción del contrato de trabajo la resolución de la contrata por voluntad de la propia empresa contratista[24] o por la concurrencia de un acuerdo entre la contratista y la principal para poner fin a la contrata. Tampoco se podía justificar el cese de la persona trabajadora si, finalizado el contrato de arrendamiento de servicios, la empresa principal adjudica la prestación de idéntico servicio a la misma contratista sin solución de continuidad[25].

Respecto de las modificaciones que pudieran producirse en una misma contrata y sus efectos sobre los contratos para obra o servicios vinculados a la misma, el Tribunal Supremo ha considerado que la relación laboral se mantiene sin alteración mientras la contrata está atribuida al mismo contratista, sea por prórroga o por nueva adjudicación[26].

---

[23] SSTS de 22 de marzo de 2004, rec. núm. 349/2003; 7 de julio de 2.003, rec. núm. 4185/2002. y 10 de abril de 2.002, rec. núm. 3265/2001. Auto Tribunal Supremo de 10 junio de 2009, rec. núm. 3062/2008.
[24] STS núm. 5166/2009, de 2 de julio.
[25] STS núm. 4470/2008, de 17 de junio.
[26] SSTS núm. 4470/2008, de 17 de junio y núm. 5501/2008, de 23 septiembre.

Los tribunales consideraron que la regla general era que el contrato para obra o servicio mantenía una causa válida mientras subsistiera la necesidad temporal de personas trabajadoras, porque la empleadora continuara siendo adjudicataria de la contrata o concesión que había motivado el contrato temporal. La vigencia del contrato para obra o servicio determinado continuaba mientras no venciera el plazo pactado para su duración, puesto que, por disposición legal debe coincidir con las necesidades que satisface[27].

> **STS núm. 1137/2020, de 29 diciembre: rompe la vinculación entre la duración de la contrata y la duración del contrato de trabajo.**
>
> La Sentencia rompió la vinculación entre la duración de la contrata y la duración del contrato de trabajo. Lo determinante no es si la contrata tiene autonomía y sustantividad propia, sino si la actividad prestada mediante contratas reviste habitualidad y permanencia.
>
> Se pone de relieve que la actividad que realizaban las contratas tenía un carácter habitual y permanente en la prestación de servicios, en detrimento de la autonomía y sustantividad propia del contrato de obra o servicio utilizado. En este tipo de situaciones, la sentencia estableció que la contratación se transformaba de contrato de obra en contratación indefinida.

---

[27] Por todas, SSTS núm. 1892/2020, de 6 de mayo, núm. 1547/2020, de 13 mayo, y núm. 2741/2020, de 16 julio.

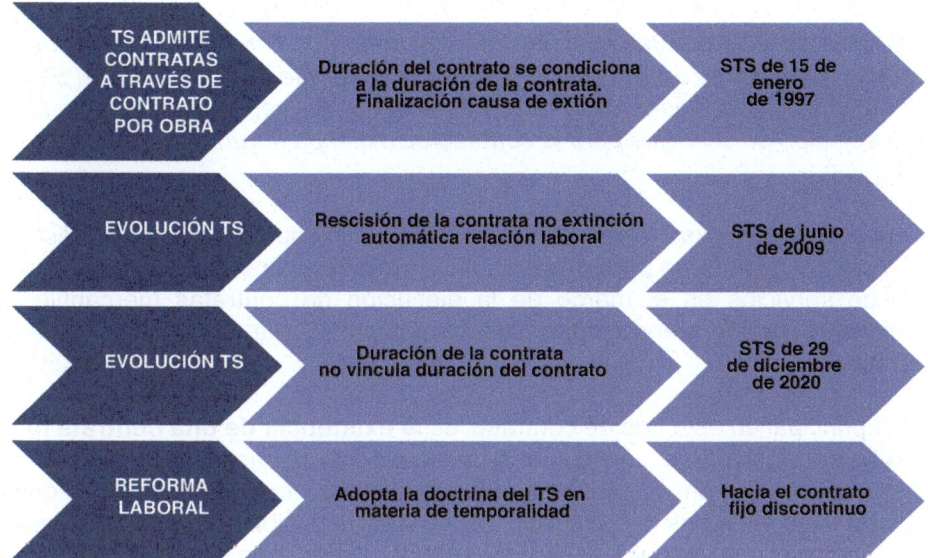

Gráfico n.º 10. Fuente: elaboración propia SEC UGT.

La reforma encauzó esta situación de necesidad hacia el contrato fijo discontinuo dada la prohibición de temporalidad emanada de la citada sentencia del TS de 29 de diciembre de 2020. De esta manera se consigue una mayor estabilidad, aunque se ha perdido la indemnización de 12 días por fin de contrato por obra y servicio.

STSJ Madrid núm. 325/2022, de 30 de marzo: el periodo de espera implica una obligación de recolocación de la persona trabajadora.

«Esto implica a juicio de la Sala que tras la finalización de una contrata no es ya posible despedir a un trabajador al amparo del artículo 52.c del Estatuto de los Trabajadores basándose en dicha finalización hasta que no hayan transcurrido tres meses (o el periodo de espera que establezca el convenio colectivo), tras lo cual ya la empresa queda habilitada para adoptar las medidas coyunturales o definitivas que procedan.

Y lógicamente ese periodo de espera implica una obligación de recolocación del trabajador, aunque sea en términos imprecisos, de manera que si se acredita que hubo posibilidades de tal recolocación durante el mismo el despido no puede ser considerado improcedente (…)

A juicio de la Sala **estas previsiones son aplicables en el caso de todos los trabajadores adscritos a una contrata**, *porque el artículo 16 del Estatuto de los Trabajadores los incluye a todos en su regulación, aunque la prestación de servicios para la contrata se extienda durante varios años».*

La actual redacción del art. 16.1 2.º ET, determina que el contrato fijo-discontinuo podrá concertarse para el desarrollo de trabajos consistentes en la prestación de servicios en el marco de la ejecución de contratas mercantiles o administrativas que, siendo previsibles, formen parte de la actividad ordinaria de la empresa.

Lo principal en este tipo de contratos es **la existencia de una contrata mercantil o administrativa**. La existencia de un negocio de traslación de la actividad laboral desde una empresa principal a una empresa contratista, que es quien contrata a las personas trabajadoras. Se abre así la posibilidad de suplir a través de los mismos, los derogados contratos de obra o servicio determinado, de los que se hacía uso dentro del marco de las contratas mercantiles o administrativas.

Junto a ello, la nueva regulación establece que, los periodos de inactividad solo podrán producirse como plazos de espera de recolocación entre subcontrataciones (art. 16.4 ET).

En estos supuestos, como se verá en próximos apartados, los convenios colectivos sectoriales podrán determinar un plazo máximo de inactividad entre subcontratas, que, en defecto de previsión convencional, será de 3 meses. Una vez cumplido dicho plazo, la empresa adoptará las medidas coyunturales o definitivas que procedan.

La modificación legal operada, **excluye expresamente como causa de temporalidad** «la realización de los trabajos en el marco de contratas, subcontratas o concesiones administrativas que constituyan la actividad habitual u ordinaria de la empresa» (art. 15.2 ET).

STSJ Asturias núm. 145/2024, de 6 de febrero: las actividades realizadas al amparo de contratas mercantiles o administrativas podrán desarrollarse a través de la contratación fija-discontinua.

«En todo caso, hemos de indicar que el expresado contrato no señala cual sea la empresa cliente y desde luego, no establece vinculación alguna con una contrata específica, siendo así que lo que cualifica a esta modalidad contractual es la existencia de una contrata mercantil o administrativa».

La existencia de una contrata mercantil o administrativa que constituya la actividad habitual u ordinaria de la empresa puede realizarse a través de contrato fijo discontinuo con independencia de quien sea la empresa cliente de la contratista.

CARACTERÍSTICAS

- La prestación debe ser de servicios, que siendo previsibles, formen parte de la actividad ordinaria, no existiendo impedimento a que esos servicios contratados se correspondan con trabajos de temporada.
- Los periodos de inactividad solo podrán producirse como plazos de espera de recolocación entre subcontrataciones.
- Los convenios colectivos sectoriales podrán determinar un plazo de inactividad entre subcontratas.
- En defecto de previsión convencional, el plazo máximo será de 3 meses.

Gráfico n.º 11. Fuente: elaboración propia SEC UGT.

En consecuencia, con la regulación actual, la empresa podrá optar, siempre que se den las circunstancias legalmente previstas, por las siguientes modalidades contractuales:

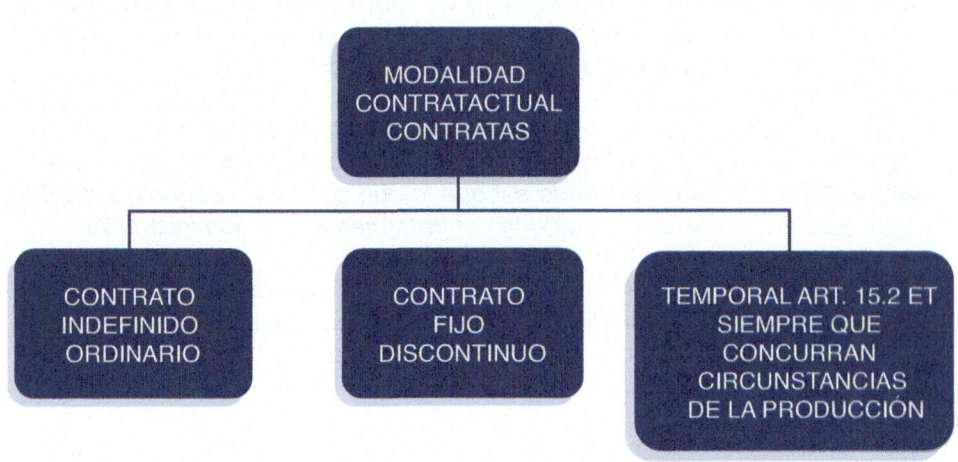

Gráfico n.º 12. Fuente: elaboración propia SEC UGT.

2.4. El contrato fijo discontinuo en el marco de las ETT

Hasta la reforma del 2021, no era posible el poner a disposición de la empresa usuaria una persona trabajadora para la realización de tareas cíclicas, que se repitieran periódicamente. En ese caso, se estaría ante un trabajador/a indefinido fijo discontinuo de la empresa usuaria, lo que no estaba permitido por la Ley 14/1994, de 1 de junio, por la que se regulan las empresas de trabajo temporal (en adelante LETT), que solo contemplaba la posibilidad de realizar contratos temporales[28].

La entrada en vigor del RD Ley 32/2021 ha permitido que las ETT realicen contratos fijos-discontinuos cediendo a personas trabajadoras a las empresas usuarias, y poder utilizar esta modalidad contractual en su actividad ordinaria. Se modificó el art. 10.3 LETT[29] estableciendo que:

---

[28] STS núm. 728/2020, de 30 de julio, *«No hay, por el contrario, previsión alguna respecto a la posibilidad de que la ETT celebre un contrato indefinido fijo-discontinuo. Tal ausencia de regulación obedece a que no cabe este tipo de contratación por parte de una ETT (…)»*.

[29] Ley 14/1994, de 1 de junio, por la que se regulan las empresas de trabajo temporal. BOE 02/06/1994, núm. 131.

«Igualmente, las empresas de trabajo temporal podrán celebrar contratos de carácter fijo-discontinuo para la cobertura de contratos de puesta a disposición vinculados a necesidades temporales de diversas empresas usuarias, en los términos previstos en el artículo 15 del Estatuto de los Trabajadores, coincidiendo en este caso los periodos de inactividad con el plazo de espera entre dichos contratos. En este supuesto, las referencias efectuadas en el artículo 16 del Estatuto de los Trabajadores a la negociación colectiva se entenderán efectuadas a los convenios colectivos sectoriales o de empresa de las empresas de trabajo temporal. Estos convenios colectivos podrán, asimismo, fijar una garantía de empleo para las personas contratadas bajo esta modalidad».

> El contrato de puesta a disposición sigue estando sujeto a las causas de temporalidad reguladas en el art. 15 ET.

En consecuencia, con la regulación actual, la empresa podrá optar siempre que se den las circunstancias legalmente previstas, por las siguientes modalidades contractuales:

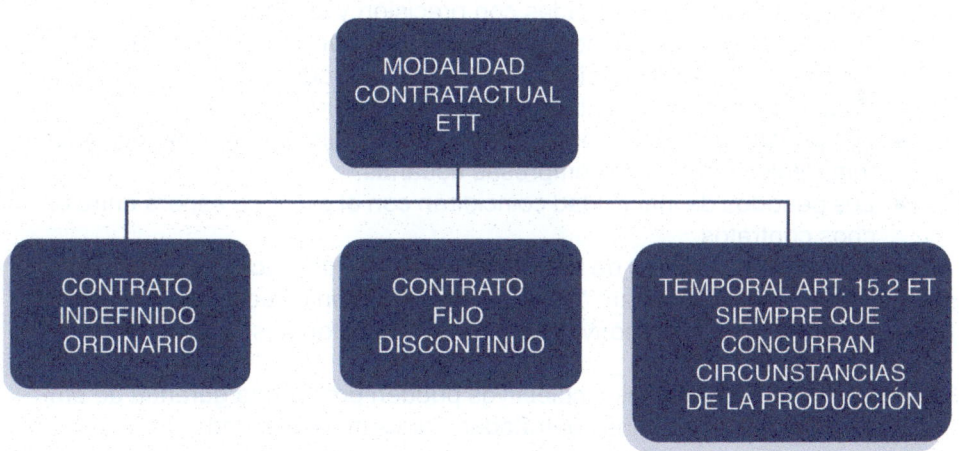

Gráfico n.º 13. Fuente: elaboración propia SEC UGT.

Observemos que las personas trabajadoras que en un periodo de 24 meses hubieran estado contratadas durante un plazo superior a 18 meses, con o sin solución de continuidad, para el mismo o diferente puesto de trabajo con la misma empresa o grupo de empresas, mediante dos o más contratos por circunstancias de la producción, **sea directamente o a través de su puesta a disposición** por ETT, adquirirán la condición de personas trabajadoras fijas (art. 15.5 ET). La empresa deberá facilitar por escrito a la persona trabajadora, en los 10 días siguientes al cumplimiento de los plazos indicados, un documento justificativo sobre su nueva condición de persona trabajadora fija de la empresa, debiendo informar a la RLPT sobre dicha circunstancia.

Junto a ello, el art. 16 ET, determina que: *«asimismo, podrá celebrarse un contrato de trabajo fijo-discontinuo entre una empresa de trabajo temporal y una persona contratada para ser cedida, en los términos previstos en el art. 10.3 de la Ley 14/1994, de 1 de junio por la que se regulan las empresas de trabajo temporal».*

CARACTERÍSTICAS

- Las causas que habiliten la temporalidad y sus circunstancias deben estar justificadas y detalladas con precisión y claridad.
- Las empresas contratistas, en la medida que pueden formalizar un «contrato temporal por circunstancias de la producción» vinculado a la duración de la contrata, también podrán acudir a una ETT.
- Los puestos de trabajo a cubrir deben estar vinculados a necesidades temporales de diversas empresas usuarias.
- Los periodos de inactividad coincidirán con el plazo de espera entre dichos contratos.
- Durante los periodos de inactividad no existe obligación de retribución.
- Las referencias del art. 16 ET a la negociación colectiva deben entenderse hechas a los convenios colectivos sectoriales o de empresa de la ETT.
- Los referidos convenios colectivos pueden prever una garantía de empleo para las personas contratadas bajo esta modalidad.

Gráfico n.º 14. Fuente: elaboración propia SEC UGT.

STSJ Cataluña núm. 1044/2023, de 15 de febrero: posibilidad de que las ETTs puedan contratar trabajadores/as fijos discontinuos.

«En lo que se refiere a la posibilidad de que las ETT puedan contratar trabajadores fijos discontinuos, el art. 10 de la Ley 14/1994, de 1 de junio, por la que se regulan las Empresas de Trabajo Temporal, admite la validez de cualquier fórmula de contratación indefinida, sin excluir ninguna de las posibles modalidades en las que puede sustentarse esta clase de relación laboral, entre ellas los contratos fijos discontinuos, que por su propia naturaleza son siempre indefinidos».

La dicción literal del precepto conduce a ese resultado, en la mera aplicación de la regla hermenéutica que impide distinguir donde la Ley no distingue, que plasma el art. 3.1 CC cuando señala que: «Las normas se interpretarán según el sentido propio de sus palabras...».

2.5. Breve referencia al contrato fijo discontinuo en el marco de las Administraciones públicas

La Disposición adicional cuarta del Real Decreto Ley 32/2021 determina, en relación al personal laboral del sector público, que:

- *Los contratos por tiempo indefinido y los fijos-discontinuos podrán celebrarse cuando resulten esenciales para el cumplimiento de los fines que las administraciones públicas y las entidades que conforman el sector público institucional tenga encomendados, previa expresa acreditación.*
- *Sin perjuicio de la tasa de reposición establecida en la Ley de presupuestos generales del Estado vigente para cada ejercicio, si para la cobertura de estas plazas se precisara de una tasa de reposición específica, será necesaria la autorización del Ministerio de Hacienda y Función Pública.*

Por tanto, la regla general es que el personal que trabaja en las Administraciones públicas tiene la condición de funcionario, y lo que la norma hace a través de la Disposición 4.ª es contemplar una habilitación legal extraordinaria, que permite la contratación laboral por tiempo indefinido o en régimen de fijo discontinuo, siempre que resulte esencial para el cumplimiento de los fines del ente público.

En el ámbito de las relaciones laborales del sector público, el Estatuto Básico del Empleado Público admite la contratación de personal laboral por cuenta ajena en cualquiera de las modalidades previstas en la legislación laboral. La Administración, en su condición de empresario, puede recurrir tanto a la contratación indefinida como a la contratación temporal, si bien, en este último caso los supuestos en los que resulta admisible la contratación temporal son los mismos y en las mismas condiciones que los previstos en la legislación laboral común, salvo norma legal específica que ampare la posibilidad de acudir a otro tipo de contratos temporales o de modalidades contractuales diferentes y específicas[30]. En base a ello, se considerarán en fraude ley, los supuestos de sucesiva concatenación de contratos temporales que no cumplan materialmente los requisitos y las finalidades previstas legalmente.

STSJ Cataluña de 31 de julio, rec. 51/2022: sucesiva concatenación de contratos temporales que no cumplen materialmente los requisitos y las finalidades previstas legalmente.

«… la consecuencia jurídica de los contratos temporales discontinuos celebrados en fraude de ley por las Administraciones Públicas, no puede ser la de fijo discontinuo, sino la de discontinuo no fijo, ya que el artículo 20 del Convenio de Empresa prevé el acceso a la ocupación pública a través de la oferta que debe hacerse de todas las plazas presupuestadas que se consideren necesarias para el funcionamiento de los servicios públicos esenciales, a través de concursos, oposiciones o concurso-oposición, — sin que se pueda amortizar ni modificar ninguna plaza hasta la resolución de la convocatoria de oferta de ocupación para que el personal seleccionado sea el más idóneo para desarrollar las funciones asignadas a cada categoría—, en el marco de los principios constitucionales».

Para evitar supuesto de temporalidad ilícita, la norma establece la necesidad de que exista una cobertura presupuestaria que, en los supuestos en los que se precise una tasa de reposición específica, será preceptiva la autorización del Ministerio de Hacienda.

---

[30] STSJ de Cataluña núm. 5163/2020, de 25 de noviembre de 2020.

Una vez que la Administración pública acredita que la contratación laboral resulta esencial, la posterior elección de llevarlo a cabo a través de contratos por tiempo indefinido o a través de la contratación en régimen de fijo-discontinuo dependerá de si se cumplen o no los presupuestos habilitantes contemplados en el art. 16 ET.

STS núm. 348/2022, de 19 de abril: naturaleza de la relación laboral.

«Este trabajador fue contratado como peón viario para prestar servicios de limpieza pública durante las vacaciones de invierno de los años 2013-2014, 2014-2015 y 2015-2016; y durante las vacaciones de verano de 2014 y 2015. No se ha acreditado que concurrieran circunstancias excepcionales u ocasionales que justificasen la contratación eventual por circunstancias de la producción: no se ha probado que existiera una necesidad de trabajo, en principio, imprevisible y fuera de cualquier ciclo de reiteración regular.

Por el contrario, se trataba de una necesidad de trabajo de carácter intermitente o cíclico, en intervalos temporales separados pero reiterados en el tiempo y dotados de cierta homogeneidad, con la finalidad de atender el servicio de limpieza durante las vacaciones de verano e invierno de los trabajadores fijos a jornada completa de la empresa de limpieza pública, por lo que la naturaleza de la relación laboral del demandante era indefinida no fija discontinua, con independencia de los acuerdos de empresa que regulaban la bolsa de trabajo».

Si la persona trabajadora ha estado prestando sus servicios en una Administración Pública, como empleado fijo discontinuo, y con posterioridad, ha adquirido la condición de funcionario, a efectos del cómputo de los servicios previos en la Administración **se debe tener en cuenta todo el tiempo de duración de la relación laboral**, incluidos aquellos periodos en que no ha habido trabajo real y efectivo, tales como vacaciones, bajas por enfermedad, etc.

STS Sala de lo Contencioso-Administrativo núm. 400/2024, de 06 de marzo: en el cómputo de los servicios previos de fijos discontinuos deben incluirse los periodos en que no ha habido llamamientos.

«Se confirma la sentencia que estimó la pretensión del demandante que, tras acceder a la condición de funcionario público, solicitó el reconocimiento de los servicios prestados a la Administración como empleado fijo discontinuo teniendo en cuenta todo el tiempo que duró la relación de trabajo, incluyendo los intervalos en que no recibió llamamientos.

A todo lo expuesto debe añadirse que es jurisprudencia clara y consolidada de la Sala de lo Social del Tribunal Supremo que, en el ámbito laboral, "no procede entender que a los trabajadores fijos discontinuos (...) se les compute, a efectos de derechos económicos y de promoción profesional, únicamente el tiempo efectivamente trabajado, sino que ha de tenerse en cuenta todo el tiempo de trabajo de la relación laboral". Véase en este sentido, entre otras muchas, su reciente sentencia núm. 119/2024. Así, dado que en ambos órdenes jurisdiccionales es relevante la cláusula 4 del citado Acuerdo Marco, no hay razón por la que en el ámbito administrativo deba la respuesta ser diferente».

Para concluir, el Tribunal Supremo ha resuelto que el ET contempla la posibilidad de que las personas con contratos fijos discontinuos (por igualdad, también los temporales discontinuos) puedan desempeñar una segunda actividad en los periodos de inactividad que caracteriza su relación laboral, sin excluir que pueda serlo en el sector público.

STS Sala de lo Contencioso-Administrativo núm. 1164/2024, de 1 de julio: los fijos discontinuos pueden tener un segundo trabajo en el sector público.

«El periodo de inactividad laboral en las relaciones laborales del personal laboral temporal fijo discontinuo debe considerarse compatible con el desempeño de una segunda actividad en el sector público siempre que ésta se lleve a cabo dentro del periodo de inactividad laboral de la relación discontinua y no impida o menoscabe el estricto cumplimiento de los deberes inherentes a ella ni comprometa la imparcialidad o independencia de su desempeño».

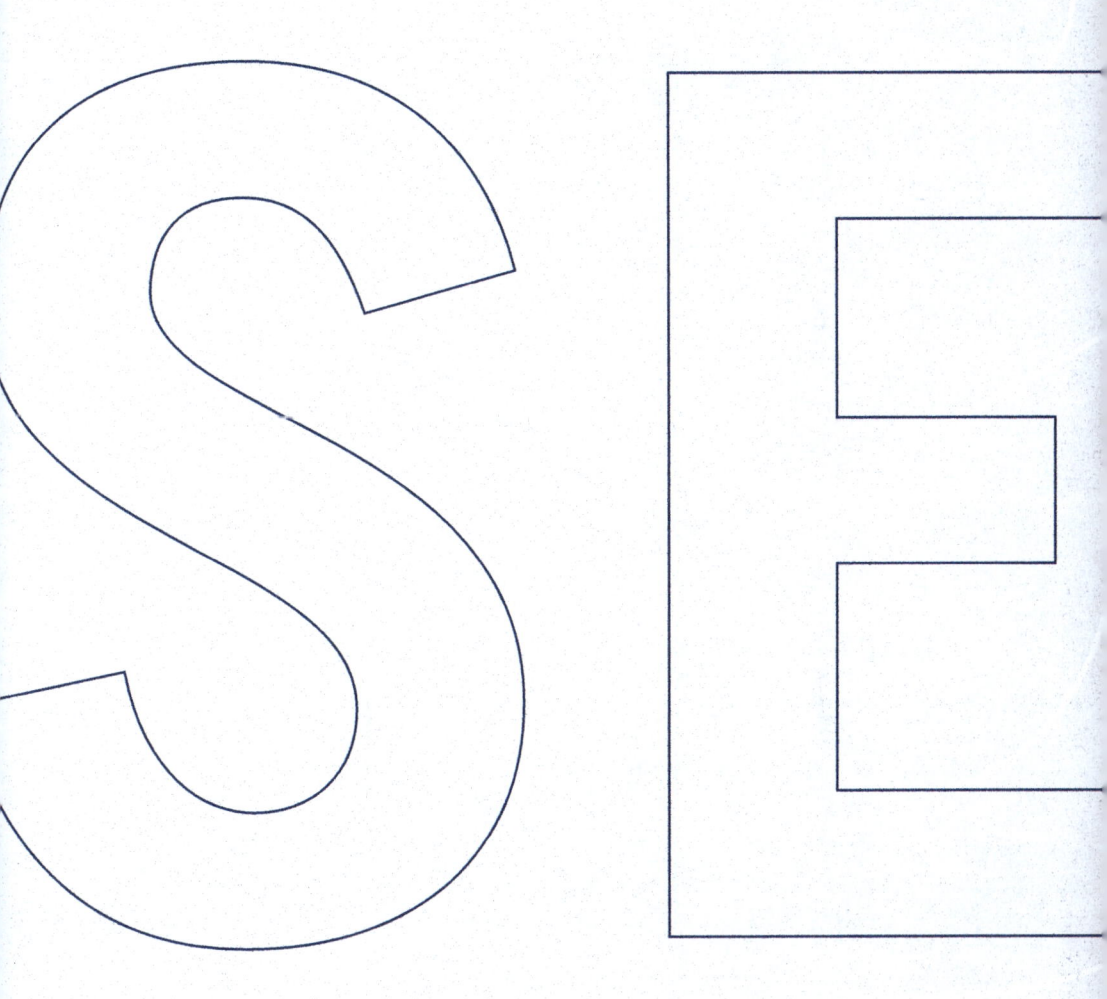

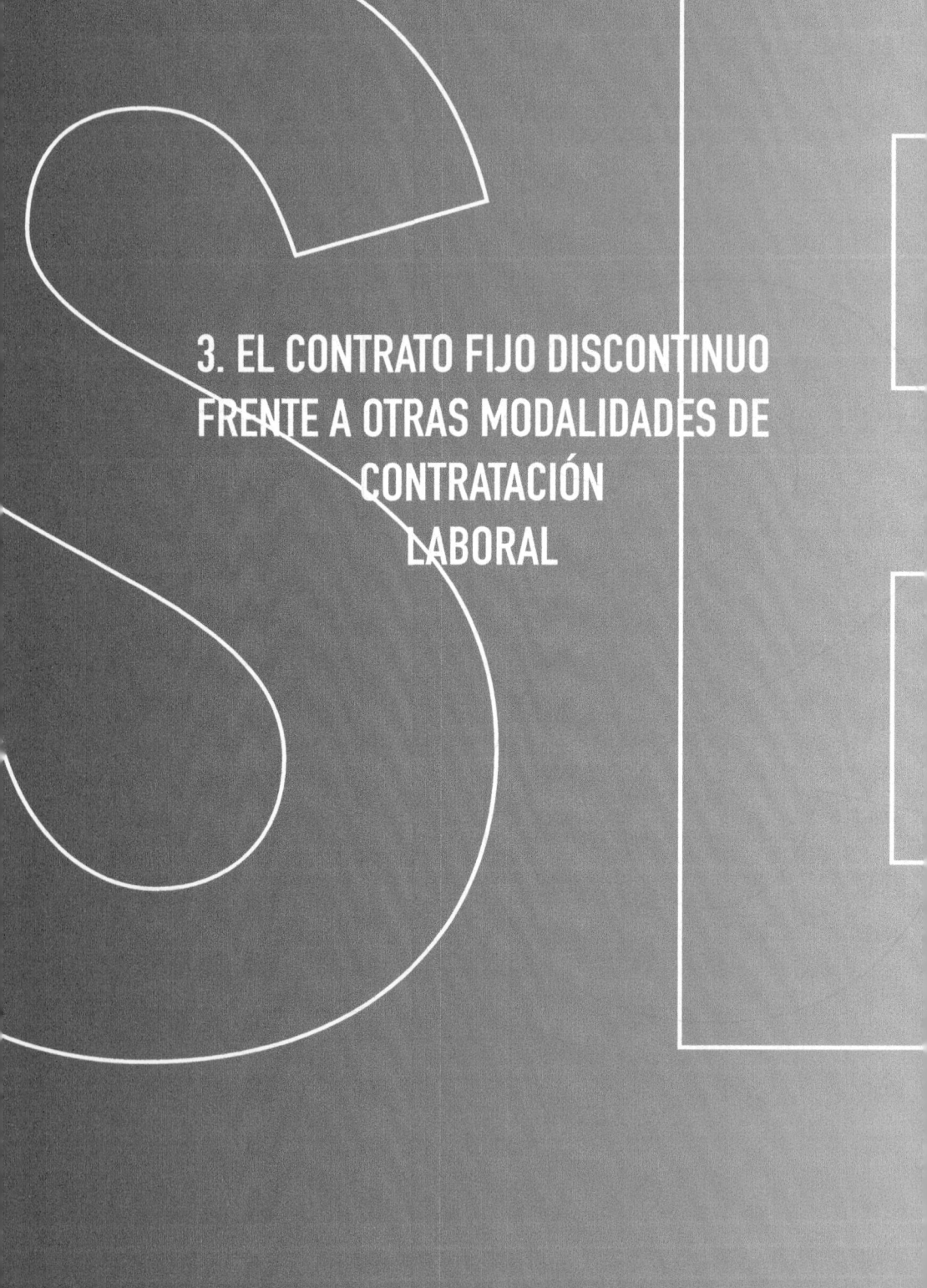

3. EL CONTRATO FIJO DISCONTINUO FRENTE A OTRAS MODALIDADES DE CONTRATACIÓN LABORAL

3. EL CONTRATO FIJO DISCONTINUO FRENTE A OTRAS MODALIDADES DE CONTRATACIÓN LABORAL

La reforma laboral, recogida en el Real Decreto Ley 32/2021, de 28 de diciembre, supuso una reestructuración de los tipos de contratos de trabajo.

Aborda la simplificación y reordenación de las modalidades de contratación laboral. El objetivo es diseñar adecuadamente los nuevos tipos para que el contrato indefinido sea la regla general y el contrato temporal tenga un origen exclusivamente causal, evitando una utilización abusiva de esta figura y una excesiva rotación de personas trabajadoras.

Para ello, junto al contrato indefinido aparecen otras modalidades que se definen como «excepcionales» en una relación laboral: se trata del contrato de trabajo de duración determinada o temporal, (destacando el contrato por circunstancias de la producción y sustitución de persona trabajadora), el contrato de trabajo formativo (con dos subtipos: en alternancia y práctica profesional) y el contrato de trabajo fijo discontinuo (subtipo del indefinido ordinario)[31].

---

[31] Wolters Kluwer TAA España, «Contrato indefinido: todo lo que debes saber tras la Reforma Laboral», pág. 2.

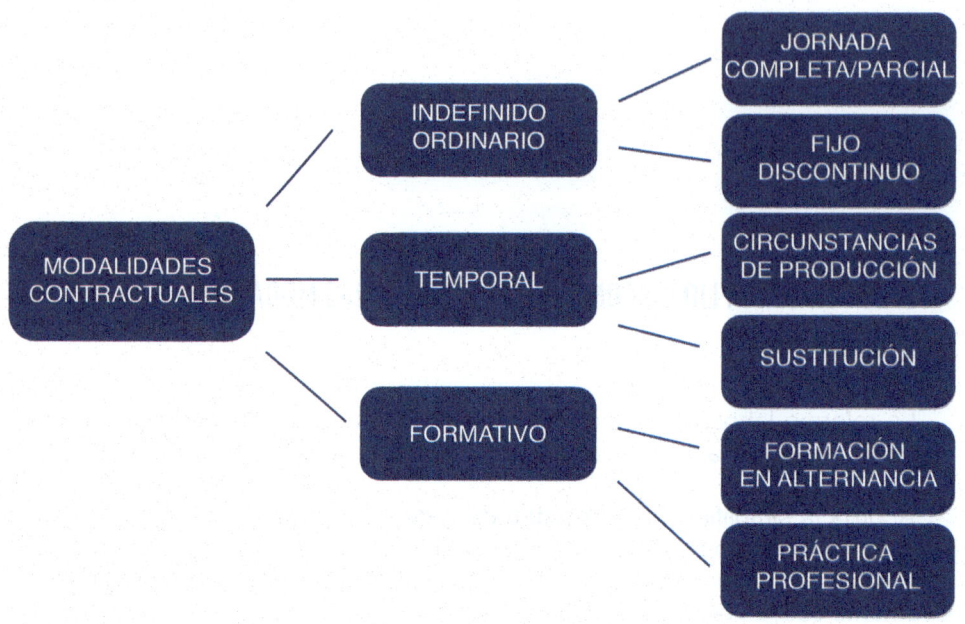

Gráfico n.º 15. Fuente: elaboración propia SEC UGT.

3.1. El contrato por circunstancias de la producción versus el contrato fijo discontinuo

3.1.1. Concepto de contrato por circunstancias de la producción (art. 15 ET)

La delimitación de los contratos fijos discontinuos y temporales se basa en la naturaleza de la actividad. En el caso de los contratos temporales, la discontinuidad real se verifica en la reiteración cierta de la actividad laboral derivada de su propia naturaleza[32].

---

[32] LOUSADA AROCHENA, J. F.: *El contrato fijo discontinuo…, op. cit.,* pág. 28.

Gráfico n.º 16. Fuente: elaboración propia SEC UGT.

Cuando el conflicto consiste en determinar si la necesidad de trabajo puede atenderse mediante un contrato temporal, o debe serlo mediante un contrato indefinido de carácter discontinuo, lo que prima es la reiteración de la necesidad en el tiempo, aunque lo sea por periodo limitado.

Junto a ello, el art. 15 ET determina que **el contrato de trabajo de duración determinada solo podrá celebrarse** por:

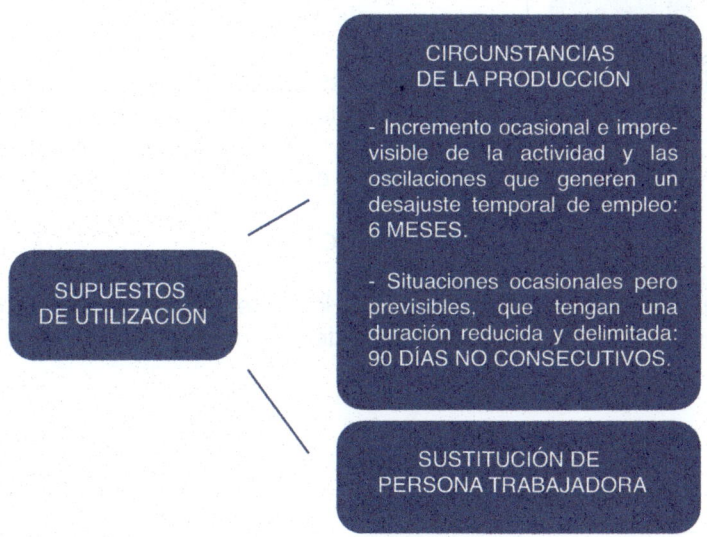

Gráfico n.º 17. Fuente: elaboración propia SEC UGT.

El **contrato por circunstancias de la producción**, vigente desde el 30 de marzo de 2022, se puede celebrar cuando en la empresa exista una desproporción entre el trabajo a realizar y el personal del que se dispone para realizarlo, es decir, en un desajuste temporal entre la plantilla disponible y la que se necesita en un momento dado.

Ante esa situación, el empresario podrá contratar siempre y cuando el exceso de trabajo provenga de alguna de las siguientes causas[33]:

A) Un incremento ocasional e imprevisible de la actividad y las oscilaciones que, aun tratándose de la actividad normal de la empresa, generen un desajuste temporal entre el empleo estable disponible y el que se requiere, siempre que no respondan a los supuestos incluidos en el art. 16.1 ET. Entre las oscilaciones se entenderán incluidas aquellas que derivan de las vacaciones anuales.

- El supuesto relacionado con el incremento ocasional e imprevisible de la actividad se corresponde con el antiguo contrato eventual.
- El caso de las oscilaciones, que no precisa imprevisibilidad.

En relación con ambas modalidades:	- Su duración máxima será de 6 meses, ampliable por convenio colectivo de ámbito sectorial hasta 1 año. Estos contratos serán prorrogables por una sola vez hasta llegar a su duración máxima. - En ambos supuestos es necesario que, aun tratándose de la actividad normal de la empresa, se produzca un desajuste temporal entre el empleo estable disponible y el que se requiere.

Gráfico n.º 18. Fuente: elaboración propia SEC UGT.

B) Que se trate de atender a situaciones igualmente ocasionales pero previsibles, que tengan una duración reducida y delimitada.

---

[33] STSJ Andalucía núm. 960/2024, de 25 de abril.

Las empresas sólo podrán recurrir este tipo de contratación temporal un máximo de 90 días al año de manera no continuada, independientemente de las personas trabajadoras que sean necesarias para atender en cada uno de dichos días las concretas situaciones, que deberán estar debidamente identificadas en el contrato (no más de 90 días, distribuidos en, al menos, 2 periodos). Las empresas, en el último trimestre de cada año, deberán trasladar a la representación legal de las personas trabajadoras una previsión anual de uso de estos contratos.

> Los ciclos de producción que superen la previsión de 90 días discontinuos al año, se consideran trabajos fijos discontinuos de naturaleza estacional o vinculados a actividades productivas de temporada.

Parte del sector doctrinal se plantea la duda de si, al referirse a situaciones ocasionales, este contrato puede utilizarse para atender necesidades o situaciones que se repiten en el tiempo o si estas contrataciones deben reconducirse a contrato fijo discontinuo, aunque su duración, en periodos discontinuos, no exceda de 90 días[34].

Este modelo de contrato no podrá utilizarse para la realización de trabajos en el marco de contratas, subcontratas o concesiones administrativas que constituyan la actividad habitual u ordinaria de la empresa, sin perjuicio de su celebración cuando concurran las circunstancias de la producción que lo amparan (art. 15.2 ET).

En cuanto a la forma, se debe especificar con precisión la causa habilitante de la contratación temporal, así como las circunstancias concretas que la justifican y su conexión con la duración prevista.

El contrato se extingue por la llegada del término acordado, en cuyo caso la persona trabajadora tendrá derecho a una indemnización de 12 días de salario por año de servicios. Legalmente, no se exige un plazo de preaviso de 15 días, pues el contrato no puede superar el año de duración.

---

[34] *Memento práctico*. Francis Lefebvre: «Contrato de Trabajo» (2023-2024), págs. 777 y 778.

STSJ Andalucía núm. 960/2024, de 25 de abril: la contratación como cocinero en un hotel en periodo estival no justifica su contratación temporal.

«Consideramos que, en contra de lo que se defiende en el recurso, el hecho de que el actor haya sido contratado como cocinero en un hotel situado en la costa en periodo estival no justifica su contratación temporal, dado que, según los artículos expuestos, al demandante se le debió contratar como fijo discontinuo, al tratarse de hacer frente a una actividad estacional o de temporada, dentro de una empresa con ciclo continuo pero que presenta exceso de trabajo en picos o puntos estacionales de forma repetida en el tiempo».

STSJ Castilla y León de 1 de diciembre de 2023, rec. núm. 1879/2023: el cúmulo de tareas «no esperado» se ajusta a la causalidad exigida por el art. 15.2 ET.

«En relación con si se trata de una causa eventual previsible o imprevisible, lo cierto es que nada alega el recurrente al respecto. No obstante, expresamente se señala "encontrarnos ante un cúmulo de tareas, entre las que se encuentra la retirada de amianto, no esperado". De ahí que la causa resulte imprevisible y que la duración contractual no supere los límites fijados por el citado art. 15 ET».

3.1.2. Delimitación

La jurisprudencia y doctrina judicial se han pronunciado históricamente en numerosas ocasiones sobre la delimitación del contrato fijo discontinuo y el contrato por circunstancias de la producción (art. 15.2 ET).

STS núm. 669/2016, de 14 de junio: concepto de contrato fijo discontinuo.

Según la jurisprudencia, en el contrato fijo discontinuo *«existe un solo contrato y sucesivos llamamientos, de suerte que la ejecución del contrato se interrumpe a la conclusión de cada periodo de actividad, no trabajando y no cobrando salario alguno. Por ello, el hecho de que la relación laboral simplemente se interrumpa supone, no obstante, que durante el periodo de inactividad dicha relación subsiste, sin extinguirse ni suspenderse».*

En efecto, el contrato fijo discontinuo existe cuando, con independencia de la continuidad de la actividad de la empresa, se produce una necesidad de trabajo intermitente o cíclico, es decir, intervalos temporales separados pero reiterados en el tiempo y dotados de una cierta homogeneidad; a diferencia de los contratos por circunstancias de la producción, en los que la necesidad de trabajo es, en principio, imprevisible y queda fuera de cualquier ciclo de reiteración regular. Como se ha reflejado anteriormente, el contrato fijo discontinuo se caracteriza por la previsibilidad y el contrato por circunstancias de la producción por la imprevisibilidad. Por tanto, el contrato fijo discontinuo no puede emplearse para «servicios sorpresivos» (a llamada) en los que el llamamiento se produce en un plazo muy breve[35].

> **SAN núm. 162/2022, de 5 de diciembre: impugnación de convenio colectivo por, entre otras cosas, no ajustarse el llamamiento de los fijos discontinuos a las previsiones legales.**
>
> La Audiencia Nacional estima parcialmente la demanda interpuesta por UGT impugnando el Convenio colectivo de una empresa multiservicios. En concreto los artículos referidos a concurrencia de convenios, contratos fijos discontinuos, modificación sustancial de condiciones de trabajo y festivos.
>
> La regulación del contrato fijo discontinuo no se ajusta a las previsiones legales. Pues el art. 22.1.bis del convenio en relación con el llamamiento de los fijos discontinuos no respeta la Directiva 2019/1152 en cuanto a los plazos de preaviso para el llamamiento, ni tampoco es conforme a la ley el método establecido para contactar con la persona trabajadora.

3.1.3. Contrato fijo discontinuo frente a contrato por circunstancias de la producción

Efectivamente, el modelo de contrato temporal por circunstancias de la producción está previsto *«para atender situaciones ocasionales, previsibles y que tengan una duración reducida»*, durante un máximo de 90 días al año de manera no continuada.

---

[35] «Posibilidades de uso del contrato de trabajo fijo-discontinuo». *CISS Laboral*. Aranzadi La Ley.

No cabe duda de que, si la situación no se repite en años sucesivos, se estará ante un contrato por circunstancias de la producción. No obstante, el precepto, parece dar a entender que las actividades se van a repetir en años sucesivos. Así, parece desprenderse de la obligación que tienen las empresas de que, *«en el último trimestre de cada año, deberán trasladar a la representación legal de las personas trabajadoras una previsión anual de uso de estos contratos»* (art. 15.2.4.º *in fine* ET)[36].

En la doctrina[37] se ha abierto paso más de una posible vía de interpretación para aplicar un contrato u otro, afirmando que cuando la actividad discontinua a lo largo del año no supere los 90 días, el contrato a realizar es el temporal por circunstancias de la producción; por el contrario, si supera ese umbral el contrato debe ser el fijo discontinuo. No obstante, no parece adecuada esta teorización que utiliza como criterio diferenciador una herramienta no prevista por la norma. Y es que independientemente del número de días al año de la actividad discontinua, inferior o superior a 90 días, lo que delimita uno u otro contrato es el carácter cíclico o no de la actividad. Si la actividad se repite de forma cíclica, corresponde realizar un contrato fijo discontinuo, al margen de la duración anual del mismo; en cambio, si la actividad no se repite de forma cíclica, sino que responde a otros parámetros, corresponde el contrato temporal por circunstancias de la producción.

Algunos ejemplos en nuestra doctrina judicial de diferenciación entre contratos eventuales por circunstancias de producción y el contrato fijo discontinuo.

---

[36] «Posibilidades de uso...», *op. cit.*
[37] «Posibilidades de uso...», *op. cit.*

Ejemplos: se califica contrato fijo-discontinuo y no contrato por circunstancias de la producción.

La contratación para el servicio de asesoramiento al contribuyente en las campañas del impuesto sobre la renta de las personas físicas durante varios años y en las mismas fechas. La reiteración cíclica y la homogeneidad en la actividad a desarrollar tienen como consecuencia que se trate de un contrato fijo-discontinuo (STS 24-10-05, rec. 3635/04; STS 2-12-04, rec. 5985/03; STS 26-11-04, rec. 5031/03; STS 12-11-04, rec. 4669/03).

La contratación sucesiva en períodos de 6 meses anuales para tareas de limpieza, lo que muestra la continuidad de la necesidad de trabajo (STS 1-10-01, rec. 2332/00).

Peón viario, que presta servicios de limpieza pública, que es contratado durante varios años para cubrir diferentes períodos vacacionales de verano y Navidad (STS 9-2-2022, rec. 4892/18).

La ejecución de encuestas anuales para el Instituto Nacional de Estadística (STS 30-5-07, rec. 5315/05; STS 21-12-06, rec. 792/05), salvo que se trate de la realización de una única y determinada encuesta (STSJ Madrid 4-4-05, rec. 170/05).

La realización de trabajos cíclicos de las campañas de riego, desde junio hasta octubre y noviembre, dependiendo su llamamiento de las circunstancias meteorológicas (STSJ Extremadura 13-4-04, rec. 152/04).

Trabajo prestado en parques temáticos (STS 15-7-04, rec. 4443/03).

Se consideró que el contrato fijo-discontinuo era válido para el personal de mantenimiento y, en su caso, el colectivo de artistas que cada año desempeñaba las mismas funciones por ser éstas habituales en el parque temático (STSJ C. Valenciana 26-5-05, rec. 356/05; STSJ Cataluña 4-4-05, rec. 9593/04: un músico que siempre actúa en el espectáculo «animación de calle» como saxofonista). Pero, se calificó de temporal la contratación de artistas para la realización de un espectáculo de animación diferente cada año. STSJ Cataluña núm. 2101/2005, de 8 de marzo.

Gráfico n.º 19. Fuente: elaboración propia SEC UGT con datos de «Posibilidades de uso del contrato de trabajo fijo-discontinuo». *CISS Laboral.* Aranzadi La Ley.

A modo de resumen

CONTRATO FIJO DISCONTINUO

- Se caracteriza por la previsibilidad.
- Se desarrolla de manera intermitente.
- Supera los umbrales del contrato por circunstancias de la producción.
- Actividad cíclica.

CONTRATO POR CIRCUNSTANCIAS DE LA PRODUCCIÓN

- Se caracteriza por su duración reducida y delimitada y por sus causas específicas:
  -Incremento ocasional e imprevisible de la actividad y las oscilaciones que generen un desajuste temporal de empleo: 6 MESES.
  -Situaciones ocasionales pero previsibles, que tengan una duración reducida y delimitada: 90 DÍAS NO CONSECUTIVOS.
- La actividad no se repite de forma cíclica.

Gráfico n.º 20. Fuente: elaboración propia SEC UGT.

3.2. Contrato indefinido ordinario versus el contrato fijo discontinuo

3.2.1. Concepto

El contrato indefinido es aquel que se establece sin límites de tiempo en la prestación de los servicios, en cuanto a la duración del mismo. Puede ser un contrato tanto verbal como escrito y a jornada completa, parcial o para prestar servicios fijos discontinuos.

Tras la reforma laboral, su característica principal sigue siendo su firmeza. La nueva redacción del art. 15.1 ET incide en que «el contrato de trabajo se presume concertado por tiempo indefinido»[38]. La característica que permite diferenciar los contratos fijos discontinuos de los continuos, es la discontinuidad basada en la naturaleza de la actividad. La delimitación con los contratos fijos continuos está marcada por la discontinuidad real que se verifica, no en la reiteración del trabajo, sino en la existencia de interrupciones en la actividad laboral derivadas de la propia naturaleza de la misma[39].

Gráfico n.º 21. Fuente: elaboración propia SEC UGT.

Las personas trabajadoras que en un periodo de 24 meses hubieran estado contratadas durante un plazo superior a 18 meses, con o sin solución de continuidad, para el mismo o diferente puesto de trabajo con la misma empresa o grupo de empresas, mediante dos o más contratos por circunstancias de la producción, bien directamente o a través de su puesta a disposición por empresas de trabajo temporal, adquirirán la condición de personas trabajadoras fijas. También se aplicará en los supuestos de sucesión o subrogación empresarial (art.15.5 ET).

Igualmente, adquirirá la condición de fija la persona que ocupe un puesto de trabajo que haya estado ocupado con o sin solución de continuidad, durante más de 18 meses en un periodo de 24 meses mediante contratos por circunstancias de la producción, incluidos los contratos de puesta a disposición realizados con empresas de trabajo temporal (art.15.5.2.º ET).

---

[38] Wolters Kluwer TAA España: «Contrato indefinido: todo lo que debes saber…», *op. cit.*, pág. 3.
[39] LOUSADA AROCHENA, J. F.: *El contrato fijo discontinuo…, op. cit.,* pág. 26.

3.2.2. Delimitación

La delimitación entre contratos fijos discontinuos y contratos fijos continuos o comunes (indefinido), tras la reforma de 2021, tiene sentido con respecto a los supuestos de fijos-discontinuos en sus modalidades de trabajos de naturaleza estacional o vinculados a actividades productivas de temporada, así como a aquellos que, sin tener esta consideración, supongan una prestación de trabajo intermitente, esto es, trabajos que a lo largo del año tienen periodos de actividad y de inactividad.

La principal diferencia entre ambos es su duración y la forma en la que se establece la relación laboral. Mientras que un contrato indefinido establece una relación laboral permanente, un fijo discontinuo constituye una relación que alterna periodos de actividad e inactividad, es decir, tiene carácter intermitente.

Uno de los rasgos comunes de ambos contratos es que ninguno tiene fecha de finalización (pues son de carácter indefinido). Al igual que las otras modalidades de contratos indefinidos, el contrato fijo discontinuo se firma por un periodo de tiempo indefinido pero la actividad laboral se realiza de manera intermitente. Es decir, la persona trabajadora presta sus servicios y una vez terminados no se extingue el contrato, sino que queda interrumpido.

La empresa estará en la obligación de llamar a la persona trabajadora fija discontinua una vez que comience la campaña para la que se requieran sus servicios. La NC deberá prever cuáles son las funciones que desempeñar y en qué periodos.

A modo de resumen

CONTRATO FIJO DISCONTINUO

- Por escrito.
- Carácter indefinido.
- Se desarrolla de manera intermitente en el tiempo: periodos de actividad e inactividad.
- Se caracteriza por la previsibilidad.
- Cubre actividades de carácter permanente y cíclico, a tiempo completo o parcial.

CONTRATO INDEFINIDO ORDINARIO

- Oral o escrito.
- Carácter indefinido.
- Se desarrolla de manera continuada en el tiempo.
- Cubre actividades de carácter permanente, a jornada completa parcial.

Gráfico n.º 22. Fuente: elaboración propia SEC UGT.

3.3. Relación entre los tres tipos de contratos

VENTAJAS DEL CONTRATO FIJO DISCONTINUO FRENTE AL CONTRATO TEMPORAL
● Derecho a la prestación por desempleo en periodo de inactividad o trabajar para otra empresa. ● Derecho a la recolocación. ● Existe un compromiso de contratación, lo cual evita cierta incertidumbre. ● Resto de derechos de las personas fijas discontinuas.

DESVENTAJAS DEL CONTRATO FIJO DISCONTINUO FRENTE AL CONTRATO INDEFINIDO ORDINARIO
● Hay un periodo de inactividad con pérdida de salario. ● Las previsiones sobre los periodos de actividad no son vinculantes. ● No hay un periodo mínimo de trabajo al año. En el caso de las contratas hay un límite de tiempo para la inactividad disponible a través de la negociacion colectiva. ● No hay una indemnización obligatoria por inactividad, queda disponible a la negociacion colectiva. ● La norma no prevé una cláusula de conversión de fijos discontinuos en ordinarios.

Cuadro n.º 7. Fuente: elaboración propia SEC UGT.

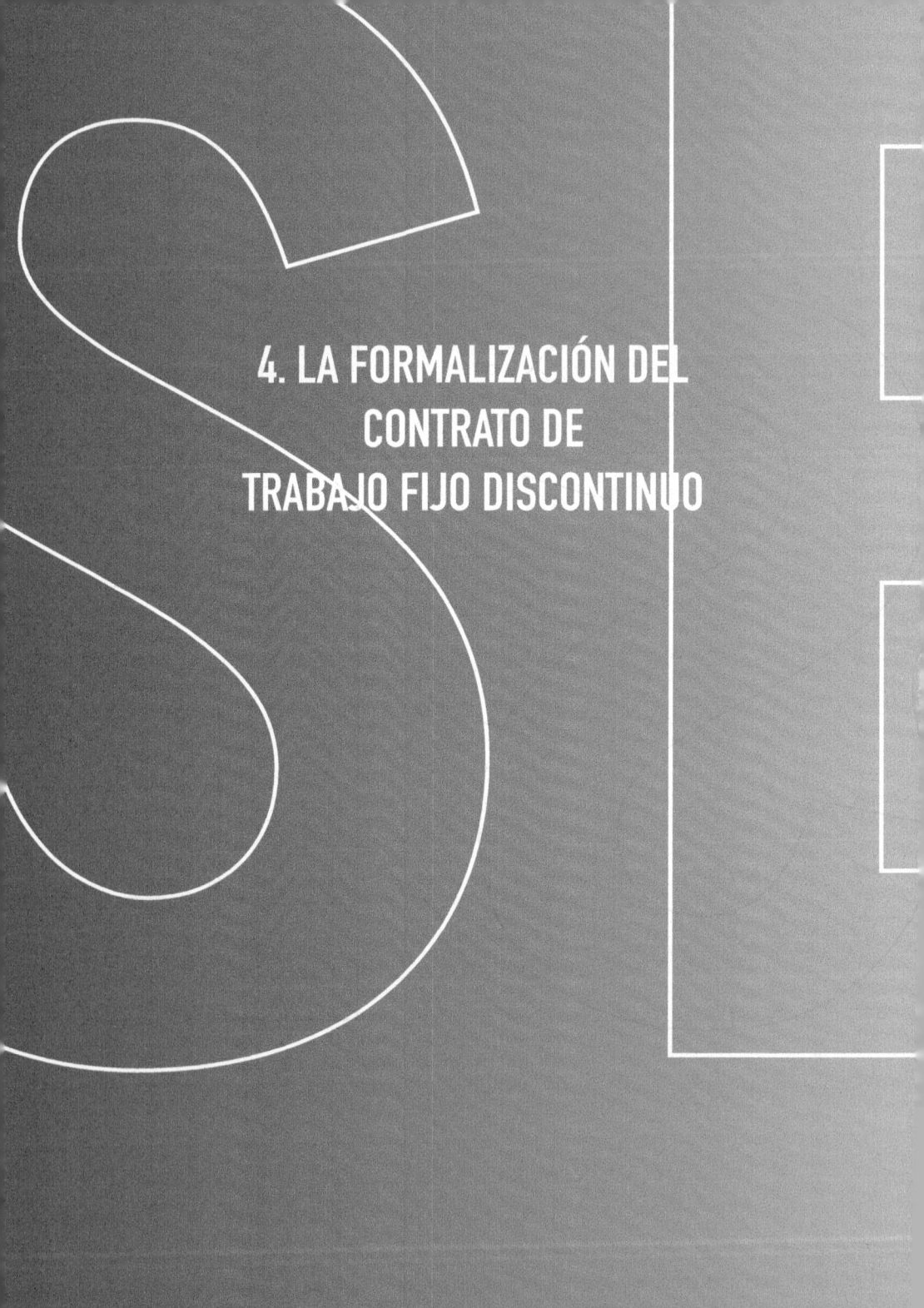

4. LA FORMALIZACIÓN DEL CONTRATO DE TRABAJO FIJO DISCONTINUO

4. LA FORMALIZACIÓN DEL CONTRATO DE TRABAJO FIJO DISCONTINUO

Como se observa en el siguiente cuadro, en materia de formalización del contrato no existen grandes diferencias respecto de la normativa anterior al RD Ley 32/2021. Se mantiene la regulación de ciertos aspectos como la forma escrita, lo cual ha sido un requisito esencial en este tipo de contratos, por tener especialidades importantes respecto del contrato fijo ordinario. No obstante, se ha eliminado la referencia a la formalización del contrato en un modelo específico y la remisión al llamamiento en el convenio colectivo.

ART. 16.2 VIGENTE ET	ART. 16.3 ANTERIOR ET
2. El contrato de trabajo fijo-discontinuo, conforme a lo dispuesto en el art. 8.2, se deberá formalizar necesariamente por escrito y deberá reflejar los elementos esenciales de la actividad laboral, entre otros, la duración del periodo de actividad, la jornada y su distribución horaria, si bien estos últimos podrán figurar con carácter estimado, sin perjuicio de su concreción en el momento del llamamiento.	3. Este contrato se deberá formalizar necesariamente por escrito en el modelo que se establezca y en él deberá figurar una indicación sobre la duración estimada de la actividad, así como sobre la forma y orden de llamamiento que establezca el convenio colectivo aplicable, haciendo constar igualmente, de manera orientativa, la jornada laboral estimada y su distribución horaria.

Cuadro n.º 8. Fuente: elaboración propia SEC UGT.

La formalización del contrato fijo discontinuo se divide en dos aspectos: forma y contenido.

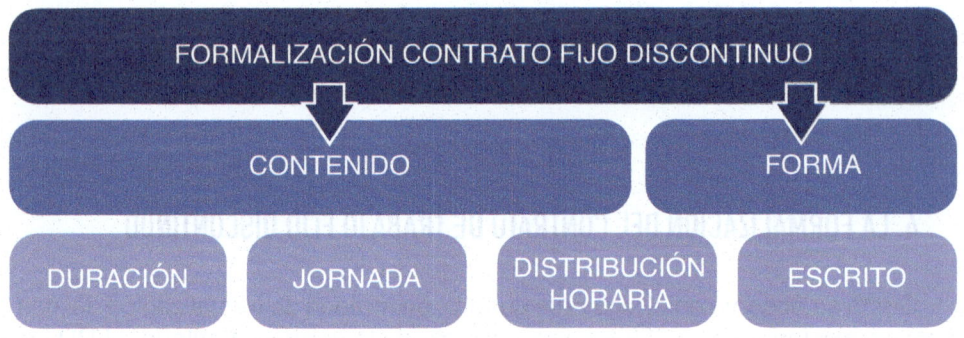

Gráfico n.º 23. Fuente: elaboración propia SEC UGT.

4.1. Forma

En relación con la formalización del contrato fijo discontinuo, el art. 16.2 ET establece las exigencias propias de esta modalidad contractual, remitiéndose a la regla general regulada en el art. 8.2 ET[40]. Se deberá formalizar necesariamente **por escrito**.

La importancia de la formalización por escrito del contrato de trabajo fijo discontinuo se articula en dos dimensiones:

* Como medio de prueba que permite a las personas trabajadoras demostrar la existencia del mismo, el momento de su celebración (a efectos de cómputo de antigüedad) y las condiciones más beneficiosas que se le hubieran reconocido de forma individual expresamente en el mismo.
* Como concreción de la relación laboral en un único contrato[41], realizado en varios periodos de actividad e inactividad.

---

[40] Art. 8.2.ET: deberán constar por escrito los contratos de trabajo cuando así lo exija una disposición legal y, en todo caso, los de prácticas y para la formación y el aprendizaje, los contratos a tiempo parcial, fijos-discontinuos y de relevo y los contratos para la realización de una obra o servicio determinado; también constarán por escrito los contratos por tiempo determinado cuya duración sea superior a 4 semanas.

[41] ÁLVAREZ DE LA ROSA, M., «El trabajo fijo-discontinuo: disyuntiva entre modalidad de contrato temporal o forma de trabajo a tiempo parcial», en AA.VV. (Coord.: CASAS BAAMONDE, M.ª E. y VALDÉS DAL-RÉ, F.), *Los contratos a tiempo parcial,* Lex Nova (Valladolid, 2000), pág. 167.

El art. 16.2 ET no hace ninguna referencia al incumplimiento del registro del contrato, sin embargo, el art. 8.2 ET establece como consecuencia a la falta de formalización del contrato por escrito que *«se presumirá celebrado por tiempo indefinido y a jornada completa, salvo prueba en contrario (*iuris tantum*)»*. Estamos ante una presunción[42], que se puede destruir probando la naturaleza temporal del trabajo o el carácter a tiempo parcial del mismo.

Esta obligación también se considerará incumplida cuando el contrato no incorpore algunos de los elementos legalmente exigidos en el art. 16.2 ET, en la medida en que resulten fundamentales para identificar el tipo de contrato que regula.

Además, la no formalización por escrito del contrato de trabajo conlleva una sanción derivada de la infracción administrativa regulada en el art. 7.1 de la Ley sobre Infracciones y Sanciones en el Orden Social (LISOS)[43].

4.2. Contenido

El contrato fijo discontinuo deberá reflejar los elementos esenciales de la actividad laboral[44], entre otros, la duración del periodo de actividad, la jornada y su distribución horaria, si bien estos últimos podrán figurar con carácter estimado, sin perjuicio de su concreción en el momento del llamamiento.

---

[42] GORELLI HERNÁNDEZ, J.: «El nuevo régimen jurídico del contrato fijo discontinuo tras la reforma de 2021», *Temas Laborales*, núm.161/2022, págs. 217-252.
[43] El Proyecto de Ley sobre condiciones laborales transparentes publicado en el Boletín Oficial de las Cortes Generales (BOCG) el 16 de febrero de 2024, modifica el art. 7.1 LISOS para tipificar como infracción grave la falta de información por escrito a la persona trabajadora sobre los elementos esenciales del contrato y las principales condiciones de ejecución de la prestación laboral, en los términos y plazos que se establezcan reglamentariamente. Pendiente de publicación definitiva.
[44] El contrato debe contener los elementos esenciales de la actividad laboral conforme a lo establecido en el art. 8.5 ET.

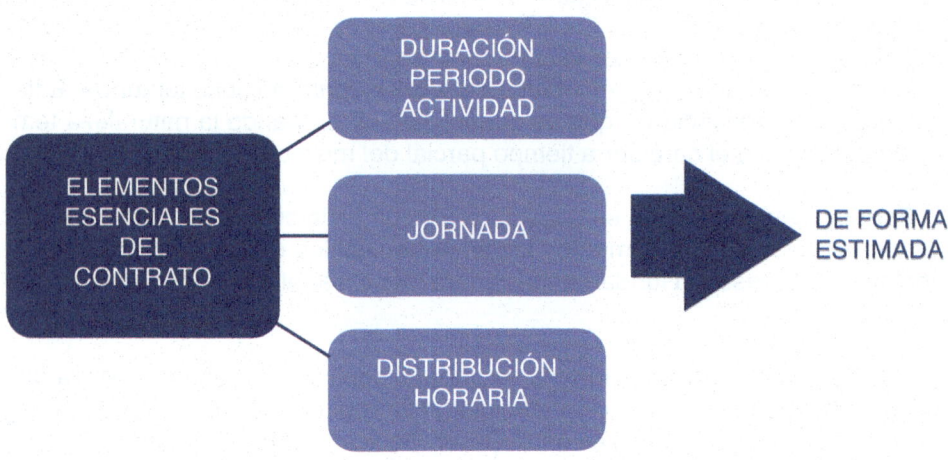

Gráfico n.º 24. Fuente: elaboración propia SEC UGT.

No obstante, la expresión «forma estimada» es un concepto jurídico indeterminado que puede conllevar inseguridad jurídica para las personas trabajadoras que suscriban este tipo de contrato. Es decir, la naturaleza de la actividad laboral hace que estos extremos puedan quedar abiertos porque pueden desconocerse en el momento de la celebración del contrato o hasta el momento de reiniciar la actividad laboral. Ahora bien, en el momento del llamamiento deben concretarse estas circunstancias para otorgar seguridad a las personas trabajadoras y evitar una articulación excesivamente flexible. Así pues, una vez conocidos los elementos temporales de desarrollo de la actividad, deben fijarse los términos de la ejecución del contrato, en todo caso, en el acto de llamamiento de la persona trabajadora.

Es importante remarcar la exigencia de una estimación de la jornada y el horario para evitar «el trabajo a llamada», una fórmula tan abierta y flexible que convertiría este contrato en una mera expectativa de prestar servicios, pero sin determinar el cuándo de los mismos. La NC podrá establecer mecanismos para dotar de mayor seguridad jurídica esta figura contractual.

Además de estos tres elementos, en el contrato fijo discontinuo pueden incluirse otros pactos que las partes consideren de su interés dentro del marco legal de referencia (art. 3 ET y el art. 1255 Código Civil[45]) (CC).

---

[45] Real Decreto de 24 de julio de 1889 por el que se publica el Código Civil. BOE 25/07/1889, núm. 206.

> **Modelo de contrato 300**
>
> **Es importante que se conozca con la mayor claridad posible la duración del periodo de actividad, la jornada y su distribución horaria.**

4.2.1. Influencia de la normativa europea en el contrato fijo discontinuo

La regulación del contrato fijo discontinuo española a la luz de la Directiva 2019/1152 del Parlamento Europeo y del Consejo, de 20 de junio de 2019, relativa a unas condiciones laborales transparentes y previsibles en la Unión Europea, tiene por objeto mejorar las condiciones de trabajo mediante la promoción de un empleo que ofrezca una mayor transparencia y previsibilidad, a la vez que se garantiza la capacidad de adaptación del mercado laboral, estableciendo unos *«derechos mínimos aplicables a todos los trabajadores de la Unión que tengan un contrato de trabajo o una relación laboral»*. En efecto, pretende garantizar que las empresas faciliten a las personas trabajadoras información esencial de su relación contractual, entre la que se incluye:

- La identidad de las partes y el lugar de trabajo.
- La calidad del puesto de trabajo.
- La fecha de inicio del contrato y su duración.
- La retribución.
- La jornada laboral habitual.
- Los convenios colectivos que regulan las condiciones laborales.

Esta información deberá entregarse a la persona trabajadora, por escrito, en un plazo de 2 meses desde el inicio de la relación laboral.

La Directiva, en su art. 10, determina el contenido del contrato de trabajo en función de la existencia o no de un patrón de trabajo (previsible[46]/imprevisible).

---

[46] Art. 8.6 ET en redacción propuesta por el Proyecto de Ley sobre condiciones laborales transparentes: se entenderá que las condiciones de trabajo esenciales son previsibles cuando la persona trabajadora conozca o pueda conocer de antemano de manera efectiva y por escrito, durante todo el periodo al que se extiende la prestación de servicios, su pauta de trabajo o, en su caso, los criterios en virtud de los cuales dichas condiciones pueden cambiar.

- Si el patrón de trabajo es total o mayoritariamente previsible, la duración de la jornada laboral ordinaria, diaria o semanal, de la persona trabajadora, así como cualquier acuerdo relativo a las horas extraordinarias y su remuneración y, en su caso, cualquier acuerdo sobre cambios de turno (en parte ya previsto en el art. 16.2 ET).
- Si el patrón de trabajo es total o mayoritariamente imprevisible, el empleador informará a la persona trabajadora sobre:

  o El principio de que el calendario de trabajo es variable, la cantidad de horas pagadas garantizadas y la remuneración del trabajo realizado fuera de las horas garantizadas.

  o Las horas y los días de referencia en los cuales se puede exigir a la persona trabajadora que trabaje.

  o El período mínimo de preaviso a que tiene derecho la persona trabajadora antes del comienzo de la tarea y, en su caso, el plazo de preaviso razonable para la cancelación.

Ni el art. 16.2 ni el 8.5 ET recogen todos los aspectos relacionados en los párrafos previos; la normativa española adolece de esta carencia en relación con el contenido del contrato de trabajo fijo discontinuo. La transposición a la legislación nacional no se ha producido en el plazo establecido[47], por ello, puede tener ciertos efectos directos en cuanto sus términos sean incondicionales, así como, suficientemente claros y precisos.

---

[47] El plazo para su trasposición fue el 1 de agosto de 2022. En el momento de redacción de este trabajo, como se ha mencionado, hay un proyecto para su trasposición publicado en el Boletín Oficial de las Cortes Generales el 16 de febrero de 2024, Proyecto de Ley sobre condiciones laborales transparentes. Este proyecto incluye aspectos como el refuerzo de la obligación de informar por escrito a la persona trabajadora, que tendrá derecho a conocer los aspectos esenciales de la relación laboral y a que sus condiciones de trabajo sean previsibles, en el marco de los derechos y las obligaciones de la empresa y de las personas trabajadoras; incorpora al ET una definición de lo que se considera condición de trabajo previsible y las presunciones ante determinados incumplimientos empresariales relacionados con el suministro de información y con las exigencias de previsibilidad, entre otros.

5. EL LLAMAMIENTO

5. EL LLAMAMIENTO

La característica principal de esta modalidad contractual es la intermitencia en la prestación del servicio, que será determinada por el llamamiento. Así, los trabajadores/as fijos discontinuos tienen derecho a llamamiento por parte la empresa al inicio de cada periodo de ejecución del trabajo.

> **El llamamiento es fuente de obligaciones para ambas partes.**

El derecho de llamamiento instituye, a favor de las personas trabajadoras, un derecho pleno, actual y no condicional para ser ocupadas cada vez que se lleven a cabo los trabajos fijos que forman parte del volumen normal de actividad de la empresa[48].

El art. 16.3 ET establece que son los convenios colectivos y, en su defecto, acuerdos de empresa[49] los que establecen los criterios para efectuar el llamamiento, que en todo caso han de ser objetivos y formales.

> **STS núm. 691/2018, de 28 junio: el llamamiento no puede ser eludido por la empresa.**
>
> *Como se indica en la doctrina jurisprudencial: «Nos hallamos ante un contrato de duración indefinida, aunque se ve limitada, durante su vigencia, la duración de sus servicios, si se compara con la jornada anual de un trabajador con contrato por tiempo indefinido y en régimen ordinario. Ello significa que esa prestación de servicios, en la época a la que corresponda el llamamiento, no puede ser eludida por voluntad unilateral de la empresa como no sea sometiendo esa supresión-suspensión a las normas que rigen la privación de contenido del contrato por razones económicas, técnicas, organizativas o de producción».*

---

[48] *Modalidades de contrato: Contrato para trabajos fijos discontinuos.* Aranzadi, DOC 2003\41, pág. 12.
[49] LOUSADA AROCHENA, J. F.: *El contrato fijo discontinuos tras la reforma laboral, op. cit.*, pág. 67. Considera que si el empresario, ante la ausencia de Convenio Colectivo, no ha intentado el acuerdo

La anterior redacción del art. 16 ET no contemplaba la obligación de realizar el llamamiento por escrito, dejando constancia de la debida notificación a la persona interesada con las indicaciones precisas de las condiciones de su incorporación y con una antelación adecuada. Tampoco de la obligación empresarial de trasladar a la RLPT, con la suficiente antelación, al inicio de cada año natural, un calendario con las previsiones de llamamiento anual, o en su caso, semestral, así como los datos de las altas efectivas de las personas fijas discontinuas una vez se produzcan. Esta es una obligación de transparencia que debe ser cumplida con la antelación suficiente, al inicio de cada año natural y con información sobre los llamamientos previstos y, posteriormente, con los efectivamente realizados. Con carácter general, la reforma laboral vino a conceder un espacio más amplio a la negociación colectiva en materia de llamamiento.

ART. 16.3 VIGENTE ET	ART. 16.2 ANTERIOR ET
3. Mediante convenio colectivo o, en su defecto, acuerdo de empresa, se establecerán los criterios objetivos y formales por los que debe regirse el llamamiento de las personas fijas-discontinuas. En todo caso, el llamamiento deberá realizarse por escrito o por otro medio que permita dejar constancia de la debida notificación a la persona interesada con las indicaciones precisas de las condiciones de su incorporación y con una antelación adecuada. Sin perjuicio de lo anterior, la empresa deberá trasladar a la RLPT, con la suficiente antelación, al inicio de cada año natural, un calendario con las previsiones de llamamiento anual, o, en su caso, semestral, así como los datos de las altas efectivas de las personas fijas discontinuas una vez se produzcan. Las personas fijas-discontinuas podrán ejercer las acciones que procedan en caso de incumplimientos relacionados con el llamamiento, iniciándose el plazo para ello desde el momento de la falta de este o desde el momento en que la conociesen.	2. Los trabajadores fijos-discontinuos serán llamados en el orden y la forma que se determine en los respectivos convenios colectivos, pudiendo el trabajador, en caso de incumplimiento, reclamar en procedimiento de despido ante la jurisdicción social, iniciándose el plazo para ello desde el momento en que tuviese conocimiento de la falta de convocatoria.

Cuadro n.º 9. Fuente: elaboración propia SEC UGT.

con la RLPT o no ha negociado de buena fe en aras a alcanzarlo, no podría aplicar un criterio que supusiera dejar en sus manos el cumplimiento de su obligación, de conformidad con el art. 1.256 CC.

Como se observa en el cuadro, el art. 16.3 ET introduce nuevas obligaciones para las empresas: realizar el llamamiento por escrito o medio que deje la constancia debida, trasladar a la RLPT un calendario con las previsiones de llamamiento anual o semestral y facilitar los datos de las altas efectivas a la Seguridad Social de estos trabajadores/as.

5.1. Criterios para realizar el llamamiento

El art. 16.3 ET remite a los convenios colectivos o, en su defecto, acuerdo de empresa la regulación de los **criterios objetivos y formales** por los que debe regirse el llamamiento.

> **Estos criterios excluyen los llamamientos genéricos.**
> **El llamamiento debe ser individualizado.**

En concreto, establece que debe realizarse por escrito o por otro medio que permita dejar constancia de la debida notificación a la persona interesada, con las indicaciones precisas de las condiciones de su incorporación (remitirse al contrato o, en caso de figurar de forma estimada, ahora debe concretar la duración, la jornada y su distribución) y con una antelación adecuada. Estas condiciones son de carácter imperativo no dispositivas para la autonomía colectiva.

- En relación con la forma de llamamiento, por escrito o por otro medio que permita dejar constancia de la debida notificación a la persona interesada, la norma da libertad a la negociación colectiva para que establezca el modo de hacerlo. Lo conveniente es que cada convenio elija la forma que más se acomode a las características de las personas que trabajan adscritas al mismo, bien por correo certificado, por burofax, o, según la jurisprudencia, a través de WhatsApp.

SAN núm. 162/2022, de 5 de diciembre: se admite el llamamiento a través de WhatsApp, mensaje de texto o correo electrónico.

«No apreciamos ilicitud alguna en que estos llamamientos puedan realizarse empleando estos sistemas de comunicación, pues el art. 16.3 ET cuando regula los contratos fijos discontinuos establece expresamente que, en todo caso, el llamamiento deberá realizarse por escrito o por otro medio que permita dejar constancia de la debida notificación a la persona interesada con las indicaciones precisas de las condiciones de su incorporación y con una antelación adecuada.

La comunicación del llamamiento utilizando WhatsApp, las aplicaciones de mensajería habituales en los teléfonos móviles, o empleando la aplicación de correo electrónico con que cuentan los ordenadores, se realizan por escrito y de ellas queda constancia suficiente para adverar su existencia y contenido. También ocurre igual cuando se utilizan los buzones de voz como medio de comunicación no escrito».

En la misma línea la STSJ de Castilla La Mancha núm. 275/2023, de 17 de febrero.

STSJ Galicia núm. 855/2024, de 12 de febrero: no atender al llamamiento a través de WhatsApp.

En este supuesto, la empresa procedió a realizar, por medio adecuado y legal, el llamamiento a la persona trabajadora, efectuado el 3 de septiembre de 2021. El Tribunal considera probado el llamamiento porque la persona trabajadora lo recibió y respondió, mediante aplicación WhatsApp, en el mismo día, indicando, según se extrae del contenido del hecho probado, su intención de no atender al llamamiento efectuado (…). *«Con todo el respeto del mundo, pero el lunes no contéis conmigo. Un saludo y de todos modos gracias».*

Es importante tener en cuenta que el contenido de este mensaje se ha considerado desistimiento por parte de la persona trabajadora, a tenor de lo dispuesto en el artículo 49.1.d) y, por ello, no existe falta de llamamiento en el año 2022, ni tampoco despido.

- En relación con el momento del llamamiento, puede producirse en una fecha concreta o aproximada. Esto dependerá de las necesidades de la producción o del servicio, lo que responde a un elemento flexibilizador que caracteriza a esta modalidad contractual. El llamamiento puede hacerse de forma simultánea para todas las personas, de forma sucesiva (porque la actividad requiere una inicial fase de puesta en marcha) o de forma paulatina (en función de las necesidades de la actividad). En este caso, los convenios pueden prever un momento alternativo que dependerá de las necesidades del servicio.

STSJ Santa Cruz de Tenerife núm. 725/2023, de 2 de octubre: la alteración de las fechas del llamamiento a los trabajadores/as fijos discontinuos es propia de esta modalidad contractual.

Se debate sobre si la modificación en las fechas de llamamiento de los trabajadores/as fijos discontinuos está dentro de la propia naturaleza del vínculo contractual o puede ser considerada como una modificación sustancial.

El Tribunal Superior de Justicia de Canarias considera que la modificación en las fechas de llamamiento de los trabajadores/as fijos discontinuos está dentro de la propia naturaleza del vínculo contractual fijo-discontinuo que les une con la empresa demandada, razón por la cual no puede ser considerada como una modificación sustancial de las condiciones de trabajo.

La misma sentencia, entiende que en la modalidad de contratación fija-discontinua no existe una fecha fija de llamamiento. En concreto considera que *«conforme dispone el artículo 16 párrafo 3.º del Real Decreto Ley 32/2021, el derecho de llamamiento instituye a favor de los trabajadores un derecho pleno, actual y no condicional para ser ocupados cada vez que los trabajos fijos y que forman parte del volumen normal de actividad de la empresa se lleven a cabo, aunque siguiendo un orden preestablecido para el caso de que no fuera posible el llamamiento simultáneo, porque la actividad requiere una inicial fase de puesta en marcha. Esto no quiere decir que el trabajador haya de ser necesariamente llamado al inicio de la temporada o campaña, sino que debe acomodarse a las necesidades de la propia actividad de la empresa (producción, climatología, circunstancias de mercado, etc.), de hecho, normalmente el llamamiento no se hace a la vez para todos los trabajadores, sino de manera paulatina y en función de las necesidades de la empresa y de la actividad».*

En el marco de la negociación colectiva se deben fijar los criterios para el llamamiento que pueden ser:

a) De orden interno, atendiendo a la distribución geográfica, especialización profesional, antigüedad[50].
b) Según criterios temporales, como llamamientos simultáneos, sucesivos (puesta en marcha) o llamamientos rotatorios.

• En cuanto a los criterios objetivos y formales, uno de los más utilizados es el de antigüedad en cada especialidad o categoría y el cese en orden inverso, por modernidad[51]. También se utiliza el criterio de igualdad en cuanto al número de días de trabajo de cada persona trabajadora[52] o el criterio de especialización profesional[53].

Cuando la norma remite a la autonomía colectiva, tiene el objetivo de garantizar que esa llamada se haga con arreglo a un sistema objetivo previamente conocido por las personas interesadas, que les permitiera conocer su derecho y, en su caso, protegerse frente a un posible despido encubierto. La obligación de que los criterios sean objetivos y formales deja fuera cualquier decisión empresarial subjetiva o arbitraria lesiva de derechos fundamentales.

• En relación con el plazo del llamamiento, la norma determina que debe hacerse con una antelación adecuada; un concepto jurídico indeterminado que no ofrece seguridad jurídica a las personas trabajadoras. La jurisprudencia ha establecido que un plazo de 48 horas establecido en negociación colectiva es conforme a la legalidad.

---

[50] Art. 16.6.2.° *«Las personas trabajadoras fijas-discontinuas tienen derecho a que su antigüedad se calcule teniendo en cuenta toda la duración de la relación laboral y no el tiempo de servicios efectivamente prestados, con la excepción de aquellas condiciones que exijan otro tratamiento en atención a su naturaleza y siempre que responda a criterios de objetividad, proporcionalidad y transparencia».* Esta inclusión legal responde a la interpretación dada por el Tribunal de Justicia de la Unión Europea (TJUE), en su Auto de 15 de octubre de 2022, por el que establece que la antigüedad de estas personas trabajadoras «se corresponde con la duración efectiva de la relación laboral, y no con la cantidad de trabajo realizada durante dicha relación».
[51] Por ejemplo, Convenio papel y artes gráficas, azúcar, calzado, bingo, madera y corcho, AENA, conservas vegetales, industria salinera, etc.
[52] Por ejemplo, Convenio de conservas de pescados y mariscos.
[53] Por ejemplo, empresas de exhibición cinematográfica.

SAN núm. 162/2022, de 5 de diciembre: será nulo cualquier periodo de llamamiento inferior a 48 horas.

El legislador deriva a la negociación colectiva el establecimiento de qué antelación adecuada debe tener el plazo para el trabajador/a llamamiento a un fijo discontinuo. En los mismos términos, se pronuncia el art. 10 de la Directiva 2019/1152, actualmente vigente pero no traspuesta, cuando exige que la información sobre una tarea asignada deba realizarse con un pre-aviso razonable de conformidad con la legislación, los convenios colectivos, o las prácticas nacionales. Antelación adecuada o preaviso razonable son términos equivalentes que ni el legislador comunitario ni el nacional fijan con mayor precisión y lo derivan a la decisión de los negociadores del convenio colectivo.

La Audiencia considera conforme que el llamamiento se haga con una antelación mínima de 48 horas. Sin embargo, anula la cláusula que establecía el convenio en relación con los «servicios sorpresivos». Considera que *«la determinación de ese plazo corresponde a los agentes sociales a través de la negociación colectiva y que esta se ha pronunciado en el presente caso fijando como tal el mínimo de 48 horas, no cabe apreciar que su decisión sea contraria a la legalidad».*

En realidad, un plazo de 48 horas es excesivamente corto para que una persona pueda adecuar sus circunstancias personales y familiares a la incorporación a su puesto de trabajo. Debe establecer un plazo que permita al trabajador/a su incorporación efectiva. En el apartado número 8, dedicado a la Negociación Colectiva (NC), se verá cómo hay convenios colectivos que establecen plazos superiores y que consideran más adecuados. El punto de partida mínimo debería ser, por analogía, los 3 días que establece el art. 12.5.d) ET en relación con el plazo de llamamiento para la realización de horas complementarias en el contrato de trabajo a tiempo parcial[54].

---

[54] GOERLICH PESET, J. M.: «Contrato fijo-discontinuo ampliación de supuestos y mejora de sus garantías», *Revista de Derecho del Trabajo y Protección Social,* vol. 3, págs. 58-72.

5.2. Consecuencias de la falta de llamamiento

El último párrafo del art. 16.3 ET establece que, en caso de incumplimientos relacionados con el llamamiento, las personas fijas-discontinuas podrán ejercer las acciones que procedan, iniciándose el plazo para ello desde el momento de la falta de llamamiento o desde el momento en que la conociesen.

1. **Si la falta de llamamiento se produce por parte de la empresa:** cuando da comienzo la actividad fija discontinua y la persona trabajadora no es llamada, teniendo derecho a ello en función de los criterios establecidos en su convenio, esta puede reclamar ante la jurisdicción social como si se tratase de un despido[55].

   En estos supuestos, en los que la falta de llamamiento carece de justificación, el incumplimiento se asimila a efectos procesales al despido. Son casos en los que la empresa no procede al llamamiento de una persona trabajadora con derecho a ser llamada en cumplimiento del orden previsto en convenio colectivo habiéndose reiniciado la actividad. Esto sucede porque, o bien se llama a trabajadores/as fijos discontinuos con peor derecho, situados en el orden posterior al establecido, o bien porque se procede a contratar a otras personas para realizar esa prestación.

   > **STS núm. 101/2021, de 27 de enero: la falta de llamamiento sin causa justificada se considera despido improcedente.**
   >
   > El TS considera que la falta de llamamiento, como en el presente caso para la temporada 2016, sin que la empresa hubiera acreditado la inexistencia de encomiendas de gestión de incendios, comporta la existencia de un despido improcedente.

   En los supuestos en los que la actividad no vaya a desarrollarse por circunstancias ajenas a la empresa, pero pueda reiniciarse en otros periodos, debería acudirse a la extinción (ERE/ERTE) de los contratos a través de despidos objetivos o colectivos (previa la tramitación de un periodo de consultas[56]). Puede

---

[55] En el plazo de 20 días desde que tuviese conocimiento de la falta de llamamiento.
[56] Sobre el llamamiento tardío y el incumplimiento del procedimiento del despido colectivo: la STS 19 de junio 2018 (rec. 2585/2017), declara la nulidad de los despidos al no seguir el procedimiento legal establecido en el caso de que el número de personas trabajadoras supere los umbrales del despido colectivo.

darse la situación de que el llamamiento no se haga por causa de agentes externos a la propia actividad, como el clima, la meteorología, una crisis económica generalizada o una pandemia[57], entre otros. Un escenario de este tipo no denota una voluntad extintiva de la relación, por lo que reestablecida la situación previa a estas circunstancias se debe reiniciar el proceso de llamamiento.

> **STS núm. 536/2023, de 19 de julio: los trabajadores/as fijos discontinuos no se incorporan porque no existe actividad en la empresa.**
>
> El TS determina que no tiene que hacer efectivo el llamamiento y comienzo de la actividad en mayo cuando se constata que en la empresa se produce un ERTE declarado el 30 de marzo, momento en que todavía las personas fijas discontinuas seguían en inactividad productiva, y, por ende, en situación legal de desempleo. Con posterioridad, llegada la fecha de reincorporación, la inactividad de la empresa por fuerza mayor, que afectaba a la totalidad de la plantilla, sigue existiendo por lo que, en ese momento, los trabajadores/as fijos discontinuos no podían iniciar una actividad que ni tan siquiera existía.

2. **Si el incumplimiento del llamamiento se produce por parte de la persona trabajadora,** bien porque manifiesta su voluntad de no reincorporarse (dimisión), bien porque no se reincorpora en el plazo establecido, sin justificar esta falta de reincorporación (abandono). Ambos supuestos pueden llevar aparejada su baja en las listas de fijos discontinuos, la extinción de su contrato y la pérdida de su derecho a ser convocada en campañas posteriores. En estos supuestos, se entiende que la persona trabajadora ha dimitido o desistido del contrato. No obstante, el abandono debe reunir unas características que manifiesten claramente la intención del trabajador/a de renunciar a su trabajo.

   No se interpreta que está renunciando al mismo cuando se encuentra en situación de incapacidad temporal o si solicita el ejercicio de los derechos de conciliación, ausencias con derecho a reserva de puesto de trabajo y otras causas justificadas en base a derechos reconocidos en la ley o los convenios colectivos regulados en el propio art. 16.6 ET.

---

[57] Falta de llamamiento por Covid-19, STS (Pleno) de 21 de octubre 2021 (rec. 158/2021).

En el supuesto de que la persona trabajadora se encuentre en situación de incapacidad temporal, si la empresa no procede al llamamiento incurre en un incumplimiento. A partir de este momento la persona trabajadora puede reclamar por despido, iniciándose el plazo de caducidad.

STS núm. 53/2022, 20 de enero de 2022: el plazo de caducidad de reclamación del despido comienza a partir del momento en que la persona trabajadora tuviese conocimiento de la falta de convocatoria.

Cuando la empresa no procede al llamamiento de la persona trabajadora, aunque se encuentre en IT, incurre en un incumplimiento a partir del cual la persona trabajadora puede reclamar por despido, iniciándose el plazo de caducidad.

El TS manifiesta que esa falta de llamamiento, desde el momento en que constituye una obligación empresarial, se entiende como manifestación de una voluntad extintiva de la relación laboral, habiendo establecido el legislador cual es el día inicial del plazo para demandar por despido, sin excepción o singularidad alguna, por lo que no cabe interpretar que en situaciones de IT ese computo deba realizarse de forma diferente. *«Esto es, a la vista de la previsión del art. 16 ET, el trabajador en IT, si al inicio de la campaña no es llamado puede ya plantear demanda por despido sin necesidad de esperar al alta médica».*

A MODO DE RESUMEN LLAMAMIENTO

- Por escrito. En su defecto, por otro medio que acredite la comunicación.
- Con las indicaciones de las condiciones de su incorporación, criterios esenciales de la actividad.
- Con antelación adecuada.

Gráfico n.º 25. Fuente: elaboración propia SEC UGT.

Como se observará a lo largo de la guía, el art. 16.5 ET, en relación con el llamamiento, insta a establecer un periodo mínimo de contratación anual a través de la negociación colectiva sectorial y la posibilidad de reconocer una cuantía al finalizar el periodo de actividad.

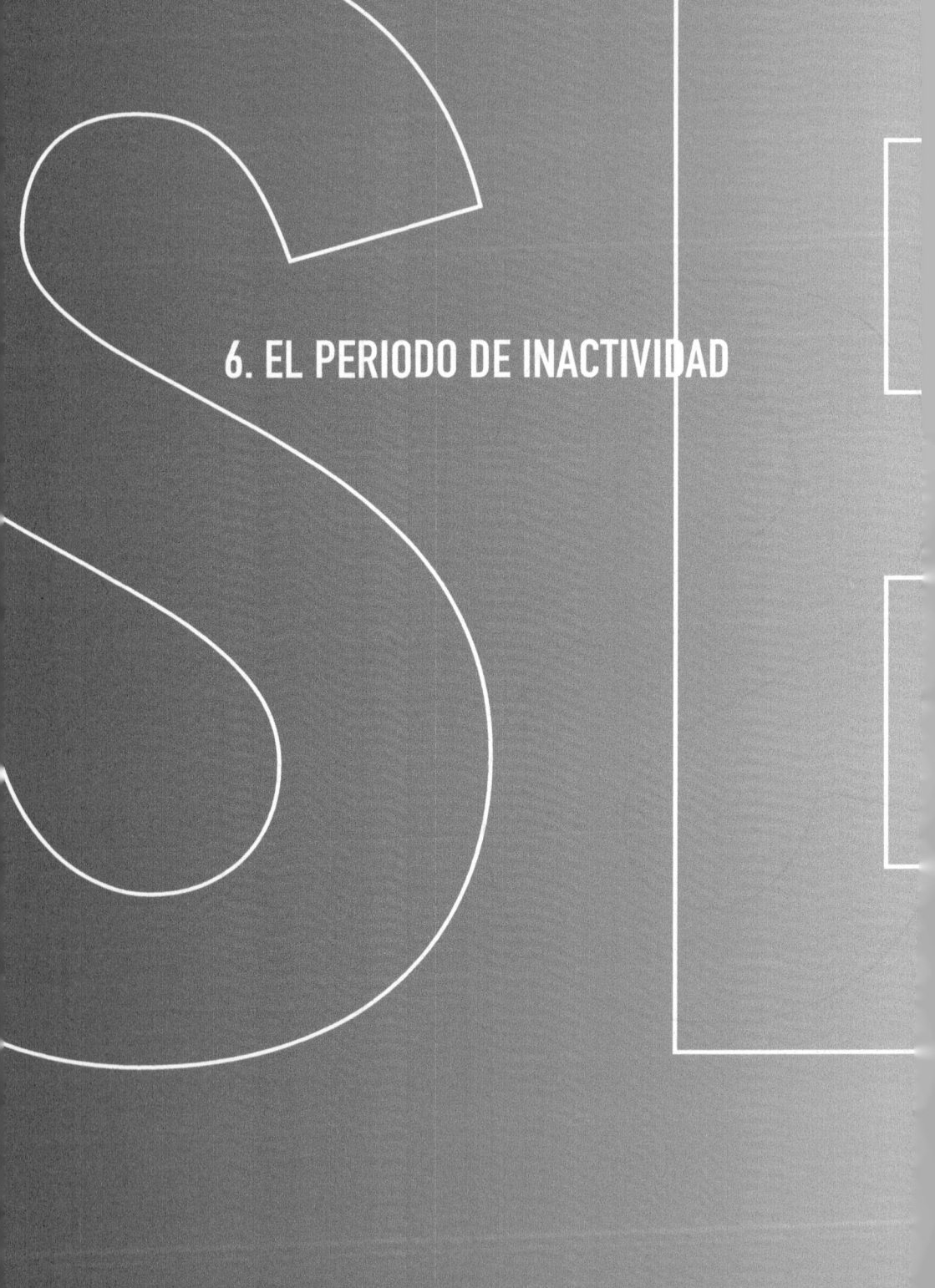

6. EL PERIODO DE INACTIVIDAD

6. EL PERIODO DE INACTIVIDAD

El contrato fijo discontinuo se caracteriza por tener periodos de actividad y periodos de inactividad, esto es, desarrollando una actividad de forma intermitente. Por ello, la persona trabajadora, cuando termina un ciclo de actividad por fin de temporada o por el motivo que corresponda, pasa a interrumpir su contrato hasta la siguiente campaña o hasta el siguiente ciclo de trabajo. Sin embargo, no se trata de una extinción o de una suspensión en sentido estricto.

PERIODO DE ACTIVIDAD → PERIODO DE INACTIVIDAD → PERIODO DE ACTIVIDAD

Gráfico n.º 26. Fuente: elaboración propia SEC UGT.

Se está ante un solo contrato cuyos efectos laborales y retributivos se renuevan año tras año, con la llegada de la temporada o campaña[58].

---

[58] *Memento Práctico*. Francis Lefebvre, «Contrato de trabajo», 2023-2024, pág. 783.

El periodo de inactividad, al igual que el llamamiento, no tiene por qué darse de forma automática o en el mismo momento para todas personas fijas discontinuas, esto es, puede hacerse de forma progresiva, en función de las necesidades de la empresa, con el orden contrario al del llamamiento o con los criterios que se establezcan en convenio colectivo.

En el momento de la interrupción de la actividad, la empresa deberá proceder a la liquidación de los salarios devengados hasta entonces y aún no abonados. Se pondrá a disposición de la persona trabajadora un «finiquito o documento de liquidación» con las cantidades debidas: la parte proporcional de la retribución de vacaciones y de las pagas extraordinarias devengadas y no pagadas, salario de la mensualidad pendiente, etc.

A la firma de este documento por parte de la persona trabajadora, podrá asistir la RLPT si se solicita (arts. 29.1 y 49.2 ET).

La firma del finiquito:

- No exime a la empresa de realizar el llamamiento de la persona trabajadora cuando se reanude la actividad que realizan de forma discontinua.
- No extingue ni suspende el contrato de trabajo.

STSJ Madrid núm. 902/2015, de 14 de diciembre: cuando el contrato se extingue en viernes se han de abonar las retribuciones correspondientes al fin de semana.

El Tribunal considera que las personas trabajadoras afectadas por el ámbito subjetivo del conflicto colectivo, planteado por UGT, ostentan el derecho que reclaman a percibir el salario correspondiente al fin de semana de la última semana trabajada por cada una de ellas en el periodo de actividad correspondiente al curso escolar 2013-2014.

En efecto, cuando las personas trabajadoras pasan a la inactividad y son dadas de baja un viernes, se debe abonar el salario correspondiente al sábado y domingo, que son de descanso generado durante la semana.

Durante los periodos de inactividad, las personas fijas discontinuas pasan a situación legal de desempleo, lo que les permite, siempre y cuando cumplan los requisitos legalmente establecidos, cobrar la prestación por desempleo de conformidad con el art. 267 de la Ley General de la Seguridad Social (LGSS).

En consecuencia, la finalización de la actividad no es un despido, aunque la duración real de la campaña puede variar respecto a la estimada, por lo tanto, puede adelantarse el periodo de inactividad.

STSJ Andalucía núm. 1960/2022, de 30 de junio: sobre la disparidad entre la duración estimada del período de actividad y la duración efectiva.

El Tribunal considera que se puede prever que la duración del periodo de actividad de la contratación se fije de manera estimada, que no existe vínculo alguno de una duración concreta.

En este supuesto, se fija una duración estimada de 4 meses. Pero en una cláusula adicional firmada por el mismo trabajador se establece que la duración efectiva podrá variar. La Sala considera que esta previsión es conforme con la esencia del contrato fijo-discontinuo, donde la duración del trabajo efectivo para el que es llamado el trabajador está íntimamente unida con la duración de la actividad de la empresa.

La Sala entiende que *«esta cláusula se debe interpretar en el sentido de que no confiere un período mínimo de prestación de servicios cada año, ni tampoco que la duración de la actividad para la que se le contrata sea la de cuatro meses al año, sino que la referencia es a la actividad estimada».*

A través de la NC, durante el periodo de inactividad, las bolsas sectoriales de empleo pueden ayudar a las personas fijas discontinuas a formarse y encontrar otro trabajo. Además, se puede prever el abono de una cuantía por fin de llamamiento en favor de las personas trabajadoras y a cargo de la empresa cuando termine el ciclo de actividad y no se produzca, sin solución de continuidad, un nuevo llamamiento (art. 16.5 ET).

A MODO DE RESUMEN PERIODOS INACTIVIDAD

- No hay obligación de trabajar ni de remunerar el trabajo.
- Se liquidan los haberes pendientes de pago en prorrata al tiempo de trabajo.
- La persona trabajadora se encuentra en situación de desempleo.
- La persona trabajadora puede prestar servicios en otra empresa.
- Acumula antigüedad.

Gráfico n.º 27. Fuente: elaboración propia SEC UGT.

6.1. Los periodos de inactividad del contrato fijo-discontinuo vinculado a contratas, art. 16.4 ET

Como se ha reseñado en el aparatado anterior, no existe un límite general para el periodo de inactividad en los contratos fijos discontinuos, no obstante, en el caso de las contratas, sí existe un límite: 3 meses, pudiendo disponer la NC otro plazo.

El art. 16.4 ET establece que *«los periodos de inactividad solo podrán producirse como plazos de espera de recolocación entre subcontrataciones»*, añade el artículo *«En estos supuestos, los convenios colectivos sectoriales podrán determinar un plazo máximo de inactividad entre subcontratas, que, en defecto de previsión convencional, será de tres meses. Una vez cumplido dicho plazo, la empresa adoptará las medidas coyunturales o definitivas que procedan, en los términos previstos en esta norma»*.

El periodo de inactividad que justifica el carácter discontinuo del contrato es, exclusivamente, el plazo de espera de recolocación entre subcontrataciones. La supuesta incertidumbre en el mantenimiento de la continuidad de la actividad empresarial por parte de la contratista se sanciona legalmente, de tal forma que durante el periodo de espera de recolocación que constituye el periodo de inactividad del fijo discontinuo, se puede recibir la prestación por desempleo, si la persona trabajadora cumple los requisitos generales exigidos[59].

---

[59] VICENTE PALACIO, A.: «La supresión del contrato para obra y servicio determinado y el nuevo papel del contrato fijo-discontinuo en el ámbito de las contratas», *Revista Crítica de Relaciones de Trabajo. Laborum*, n.º 2, 2022, pág. 89.

En efecto, la finalización de una contrata o la reducción de su volumen abre un periodo de inactividad con las siguientes características:

- Existen unos periodos máximos de inactividad.
- Las personas trabajadoras fijas discontinuas tienen preferencia frente a las nuevas contrataciones cuando se formalicen contratas que se ajusten a su perfil profesional.
- El periodo de inactividad tiene una duración legal de 3 meses, disponible por la negociación colectiva sectorial. No estamos ante un periodo máximo[60] o mínimo, sino ante un periodo supletorio, es decir, si la NC no establece nada en relación con este plazo, el periodo de inactividad será de 3 meses.

STSJ Asturias núm. 145/2024, de 6 de febrero: contrato fijo-discontinuo vinculado a la duración de una contrata.

«En todo caso, hemos de indicar que el expresado contrato no señala cual sea la empresa cliente y desde luego, no establece vinculación alguna con una contrata específica, siendo así que lo que cualifica a esta modalidad contractual es la existencia de una contrata mercantil o administrativa, pues en esta concreta modalidad contractual, la intermitencia viene dada precisamente por el término de cada una de ellas».

Una vez pasado el plazo de 3 meses o el que se establezca en el convenio colectivo, la empresa deberá tomar las medidas coyunturales o definitivas que procedan.

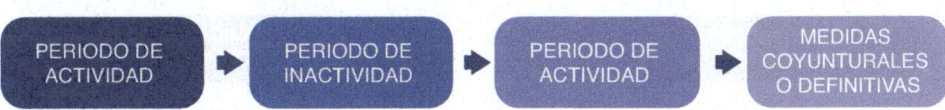

Gráfico n.º 28. Fuente: elaboración propia SEC UGT.

---

[60] Hay autores que consideran que estamos ante un periodo máximo, VICENTE PALACIO, A.: «La supresión del contrato para obra…», *op. cit.*, pág. 89. Otros, comparten nuestra perspectiva de plazo supletorio, LOUSADA AROCHENA, J. F.: *El contrato fijo discontinuos tras la reforma laboral… op. cit.*, pág. 39. El plazo legal no es de derecho necesario ni como techo ni como suelo, sino que es supletorio.

La adopción de medidas se regula de forma imperativa en el art. 16 ET, por lo tanto, si pasado el plazo convencional o legal sin que la empresa haga nada, se supone que ha habido un despido tácito que obliga a la persona trabajadora a accionar el plazo de caducidad de 20 días[61].

> **STSJ Madrid núm. 325/2022, de 30 de marzo: periodo de espera para proceder al despido.**
>
> *«Esto implica a juicio de la Sala que tras la finalización de una contrata no es ya posible despedir a un trabajador al amparo del artículo 52.c del Estatuto de los Trabajadores basándose en dicha finalización hasta que no hayan transcurrido tres meses (o el periodo de espera que establezca el convenio colectivo), tras lo cual ya la empresa queda habilitada para "adoptar las medidas coyunturales o definitivas que procedan". Y lógicamente ese periodo de espera implica una obligación de recolocación del trabajador, aunque sea en términos imprecisos, de manera que si se acredita que hubo posibilidades de tal recolocación durante el mismo el despido no puede ser considerado improcedente».*

Las medidas que deben adoptarse, tras el transcurso del plazo convencional o legal, son las previstas en el Estatuto de los Trabajadores, tal y como dispone el art. 16.4 ET, y pueden ser provisionales o definitivas.

Gráfico n.º 29. Fuente: elaboración propia SEC UGT.

---

[61] LOUSADA AROCHENA, J. F.: *El contrato fijo discontinuos tras la reforma laboral...*, op. cit., pág. 41.

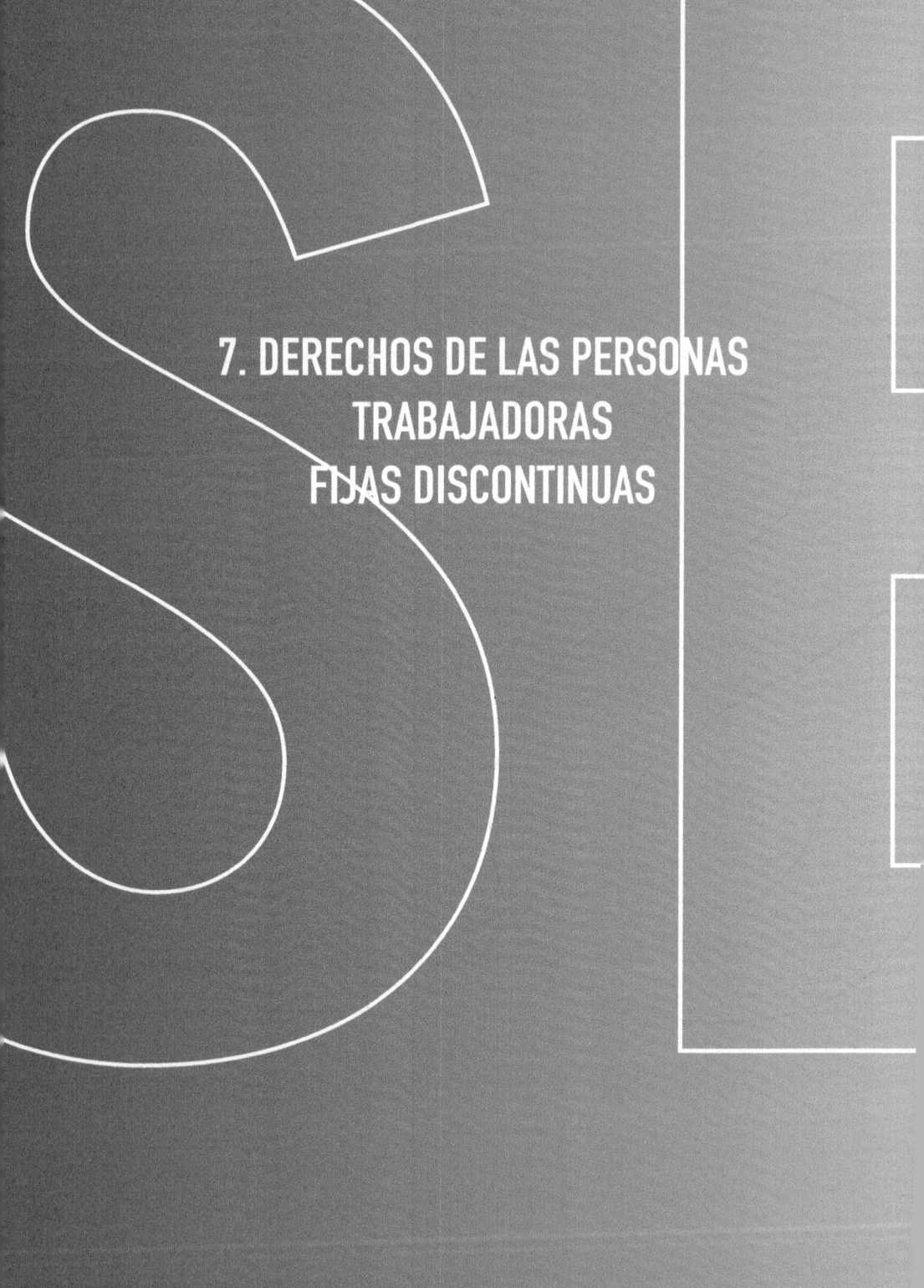

7. DERECHOS DE LAS PERSONAS TRABAJADORAS FIJAS DISCONTINUAS

7. DERECHOS DE LAS PERSONAS TRABAJADORAS FIJAS DISCONTINUAS

Las personas trabajadoras fijas discontinuas tienen los **derechos laborales en igualdad de condiciones** que aquellas con contrato de trabajo ordinario. Entre los principales derechos de los que gozan las personas con contrato de trabajo fijo discontinuo se pueden destacar:

Gráfico n.º 30. Fuente: elaboración propia SEC UGT.

7.1. Derecho al llamamiento

El derecho de la persona trabajadora al llamamiento al inicio de temporada, y la correlativa obligación de la empresa a proporcionar trabajo, es el centro de gravedad de la regulación del trabajo fijo discontinuo[62], tal y como se he expuesto en el apartado 4 de esta Guía.

7.2. Derecho a la igualdad de trato

El RD Ley 32/2021 en su exposición de motivos garantiza el principio de no discriminación e igualdad de trato. Aunque no se expresa en su parte dispositiva, se presupone que todos los derechos laborales se reconocen a todas las personas trabajadoras con independencia de si el contrato es fijo continuo o discontinuo. El TJUE interpretó el principio de igualdad en relación con un contrato fijo discontinuo en aplicación de la directiva 97/81/CE del Consejo, de 15 de diciembre de 1997, relativa al Acuerdo marco sobre el trabajo a tiempo parcial concluido por UNICE, el CEEP y la CES[63].

Se aplica, no obstante, al igual que en las personas trabajadoras a tiempo parcial, la regla de la proporcionalidad. La equiparación entre personas trabajadoras fijas continuas y fijas discontinuas debe ser plena cuando el derecho de que se trate sea indivisible, mientras que deberán reconocerse proporcionalmente, cuando los derechos sean medibles en función del tiempo de trabajo. Y ello, aunque el convenio colectivo, al reconocer determinados derechos, no diferencie entre fijos continuos y discontinuos (STS núm. 936/2020, de 22de octubre)[64].

---

[62] LOUSADA AROCHENA, J. F.: *El contrato fijo discontinuo…, op. cit.,* pág. 65.
[63] LOUSADA AROCHENA, J. F.: *El contrato fijo discontinuo…, op. cit.,* pág. 78.
[64] *Memento práctico.* Francis Lefebvre. «Contrato de Trabajo» (2023-2024).

STS núm. 954/2024, de 26 de junio: exclusión a las personas fijas discontinuas a tiempo parcial del *«plus de fijo a tiempo parcial»*.

Afirma que, una previsión convencional, excluyendo a las personas trabajadoras temporales a tiempo parcial (o fijas discontinuas a tiempo parcial) de la percepción del «Plus de fijo a tiempo parcial», supone establecer una diferencia entre ellas sin justificación fundada y razonable. Especialmente porque «las prestaciones realizadas por los trabajadores temporales a tiempo parcial o fijos discontinuos son de la misma naturaleza que las propias de los contratados como fijos a tiempo parcial, sin que concurran datos fácticos en sentido contrario. En cambio, cuando los dos primeros grupos de personas son contratadas no prevé la norma convencional que sea para realizar funciones diferentes a las fijas (sean a jornada completa o a tiempo parcial)».

STS núm. 967/2024, de 2 de julio: discriminación salarial y diferencia discriminatoria por la parcialidad.

Confirmando el criterio de la instancia, declara que el personal discontinuo tiene derecho a percibir un complemento de funciones al realizar efectivamente las tareas que lo definen y no existir ninguna razón objetiva que justifique su percibo únicamente por el personal continuo.

7.3. Derecho de conciliación

El art.16.6. ET determina que *«las personas trabajadoras fijas-discontinuas no podrán sufrir perjuicios por el ejercicio de los derechos de conciliación, ausencias con derecho a reserva de puesto de trabajo y otras causas justificadas en base a derechos reconocidos en la ley o los convenios colectivos».* Este artículo no añade nada a la regulación ya existente sobre el ejercicio de derechos de conciliación o ausencias con derecho a reserva de puesto de trabajo. Haciendo referencia concreta a los siguientes derechos[65]:

---

[65] Derechos de los trabajadores fijos discontinuos (CISS laboral).

a) Derechos de conciliación, en esencia, los regulados en los arts. 34.8, 37.4, 5 y 6 o 46.3 ET.

b) Ausencias con derecho a reserva de puesto de trabajo. Pueden incluirse los supuestos de suspensión del contrato de trabajo (art. 45 ET).

c) El inciso final «otras causas justificadas en base a derechos reconocidos en la ley o los convenios colectivos» está reconociendo una garantía de indemnidad frente a represalias por ejercer los derechos reseñados u otros[66]. Respecto a los derechos reconocidos en la ley puede referirse, por ejemplo, a los permisos retribuidos (art. 37.3 ET); y, en relación con los convenios colectivos se refiere al reconocimiento de nuevos derechos o posibles mejoras.

7.4. Cómputo de antigüedad e indemnización por despido

Antes de la reforma de 2021[67], el Tribunal Supremo sostuvo que el cómputo de la antigüedad de las personas trabajadoras fijas discontinuas, a efectos de devengo de antigüedad y para la promoción profesional, solo computaba el tiempo efectivo de prestación de servicios y no el tiempo transcurrido desde el primer contrato[68].

Posteriormente, la jurisprudencia del TJUE, en el Auto del 15 de octubre de 2019 (C-439/18 y C-472/18), consideró discriminatoria por razón de sexo (pues la mayoría de personas con contratos fijos discontinuos eran mujeres) la normativa y práctica empresarial de computarse solo los periodos efectivamente trabajados.

En consecuencia, el Tribunal Supremo cambió su criterio, estableciendo que no puede entenderse que a las personas trabajadoras fijas discontinuas se les compute, a efectos de derechos económicos y de promoción profesional, únicamente el tiempo efectivamente trabajado, sino que ha de tenerse en cuenta todo el tiempo de duración de la relación laboral. En el mismo sentido, señaló que, a efectos de promoción económica, profesional y trienios, ha de tenerse en cuenta todo el tiempo de duración de la relación laboral y no únicamente el tiempo efectivamente trabajado.

---

[66] LOUSADA AROCHENA, J. F.: *El contrato Fijo discontinuo…, op. cit.*, págs. 79.

[67] LOUSADA AROCHENA, J. F.: *El contrato fijo discontinuo…, op. cit.*, págs. 79 Y 80.

[68] STS núm. 29/2018, de 18 de enero. Solo se podría computar el tiempo efectivo de prestación de servicios, salvo que otra cosa dijese el convenio colectivo.

STS de 12 de diciembre 2023, rec. núm. 2643/2022: se ha de tener en cuenta todo el tiempo de duración de la relación laboral y no únicamente el tiempo efectivamente trabajado.

La cuestión suscitada consiste en determinar el alcance del art. 48 del Convenio Colectivo para el personal laboral de la Administración General de la Comunidad de Castilla y León en relación con el cómputo de los servicios prestados para el devengo de los trienios por el personal fijo discontinuo. En concreto, si para su cálculo hay que tener en cuenta todo el tiempo de vinculación laboral o, exclusivamente, el tiempo de prestación efectiva de servicios.

La sentencia aplica la doctrina rectificada de la Sala, según la cual la regulación contenida en dicho precepto, que requiere 3 años de servicios «efectivos», ha de ser interpretado a la luz de lo dispuesto en el art. 12.4. d) ET y la cláusula 4 de Acuerdo Marco sobre el trabajo a tiempo parcial que figura como Anexo en la Directiva 97/81/CE, tal y como ha considerado el TJUE, en concreto por el Auto de 15 de octubre de 2019, asuntos acumulados C-439/18 y 472/18, lo que determina que a los trabajadores/as fijos discontinuos se les compute todo el tiempo de duración de la relación laboral a efectos de antigüedad y no únicamente el tiempo efectivamente trabajado, porque de lo contrario se produciría una diferencia de trato peyorativa para dichos trabajadores respecto de las personas trabajadoras a tiempo completo.

STS núm. 400/2024, de 6 de marzo: el cómputo de los servicios previos en la Administración del personal laboral fijo discontinuo debe comprender todo el tiempo de la relación laboral, incluidos los intervalos sin llamadas.

La Sala concluye que, a efectos del cómputo de los servicios previos en la Administración de los trabajadores/as fijos discontinuos, debe tenerse en cuenta todo el tiempo de duración de la relación de trabajo en virtud de un contrato de trabajo fijo discontinuo, no necesariamente de cualquier otro contrato de trabajo o a efectos de otros regímenes jurídicos, como puede ser la inclusión en una bolsa de trabajo.

Se sigue, a este respecto, la consolidada doctrina de la Sala Cuarta del TS, que, en el ámbito laboral, señala que *«no procede entender que a los trabajadores fijos discontinuos (...) se les compute, a efectos de derechos económicos y de promoción profesional, únicamente el tiempo efectivamente trabajado, sino que ha de tenerse en cuenta todo el tiempo de trabajo de la relación laboral».*

STS núm. 119/2024, de 25 de enero: a efectos de promoción económica vinculada a la antigüedad reconoce todo el tiempo de trabajo de la relación laboral.

La persona trabajadora prestó determinados meses al año. Solicitó el reconocimiento de la antigüedad por todo el tiempo de servicios prestados, la Sala consideró que la forma de computar la antigüedad de los fijos discontinuos a efectos de trienios y promoción profesional debe interpretarse la regulación convencional conforme al art. 12.4 d) ET y la cláusula 4ª el Acuerdo Marco sobre trabajo a tiempo parcial. Esto es, teniendo en cuenta todo el tiempo de la relación laboral, otra cosa supondría diferencia de trato peyorativa para el tiempo parcial de fijos discontinuos frente al trabajador/a comparable a tiempo completo para el devengo de cada trienio.

La jurisprudencia emanada de los tribunales ha motivado la redacción del art.16.6 ET: *«las personas trabajadoras fijas-discontinuas tienen derecho a que su antigüedad se calcule teniendo en cuenta toda la duración de la relación laboral y no el tiempo de servicios efectivamente prestados, con la excepción de aquellas condiciones que exijan otro tratamiento en atención a su naturaleza y siempre que responda a criterios de objetividad, proporcionalidad y transparencia».*

De este modo, queda claro que para la determinación del periodo de antigüedad es computable todo el tiempo de trabajo en la empresa, así como el transcurrido en situación de excedencia forzosa (art. 46.1 ET).

Si una persona trabajadora, tras sucesivos contratos temporales ve transformado su contrato en fijo-discontinuo, la antigüedad debe computarse desde el primer contrato si los trabajos que realizó como temporales tenían el carácter de fijos-discontinuos dentro del volumen total de la empresa, y que se repetían, año tras año, en fechas no exactamente iguales (SSTS 30-7-20, rcud. 324/18; 25-4-05, rcud. 923/04 y 11-11-02, rcud. 1886/02).

Por otro lado, a efectos del **cálculo de la indemnización por despido** no se aplica la doctrina citada. De conformidad con el tenor literal de la norma (art. 56.1 ET: *«por año de servicio»*), esos periodos de inactividad no deben computarse a efectos indemnizatorios. Esta indemnización constituye una compensación por la extinción del contrato que tiene naturaleza extrasalarial y se calcula sobre la base del tiempo de servicio, con los topes legales.

Por tanto, no se computan los periodos de inactividad o entre campañas para el cálculo de la indemnización por despido improcedente de las personas trabajadoras fijas discontinuas, solo se consideran los periodos de prestación efectiva de servicios. De esta manera, no existe discriminación respecto de una persona trabajadora fija a tiempo completo, porque en ambos casos se computan los servicios efectivamente prestados[69].

Respecto a los salarios de tramitación, solo procederán cuando en el periodo que media entre el despido y la notificación de la sentencia hubiera habido, de trabajar, periodos de actividad (STSJ Castilla-La Mancha 28-6-06, rec. 134/06 y STSJ Castilla-La Mancha 28-6-06, rec. 114/06).

> **STS núm. 556/2020, de 30 de junio: cálculo de la indemnización en fijos discontinuos.**
>
> Aborda la cuestión sobre el cálculo de la indemnización de los trabajadores fijos discontinuos entendiendo que debe excluirse del parámetro «prestación de servicios» los periodos de inactividad.

En la misma línea:

> **STSJ Madrid núm. 251/2021, 17 de marzo 2021; STSJ Castilla y León de 10 de mayo de 2021, núm. rec. 193/2021; STSJ País Vasco núm. 2534/2022, de 7 de diciembre de 2022: cálculo de la indemnización en fijos discontinuos.**
>
> «La doctrina jurisprudencial diferencia la antigüedad con valor de complemento salarial, y, otro, lo es el valor indemnización (años de servido) para los supuestos de despido».

---

[69] SEMPERE NAVARRO, A.: «Sobre la contratación fija discontinua», *op. cit.*, pág. 15.

No obstante:

STSJ Castilla y León 19 de julio de 2022, rec. 1422/2022: diferente consideración en el cálculo de la indemnización en fijos discontinuos.

Entiende que el cálculo de la indemnización por despido de los contratos fijos discontinuo debe incluir los periodos de inactividad.

7.5. Promoción de la movilidad

Las empresas están obligadas a informar a las personas contratadas con contrato fijo discontinuo y a la representación legal de las mismas sobre la existencia de puestos de trabajo vacantes de carácter fijo ordinario, de manera que puedan formular solicitudes de conversión voluntaria, de conformidad con el procedimiento previsto en el convenio colectivo sectorial o, en su defecto, el acuerdo de empresa[70] (art. 16.7 ET).

En relación con la NC, se puede considerar que al citar la norma el acuerdo de empresa se podría incluir la remisión al convenio de empresa[71].

La ausencia de regulación en el convenio colectivo o en el acuerdo de empresa no exime a la empresa de informar, ni le impide a la persona trabajadora solicitar la conversión voluntaria, ya que, ambos aspectos se consideran derecho mínimo necesario. Frente a una negativa empresarial a una solicitud de movilidad interna, la persona trabajadora tiene la posibilidad de reclamar judicialmente en los términos previstos en el convenio sectorial o en el acuerdo de empresa[72].

Finalmente, de conformidad con el art. 6.5 LISOS, se considera infracción leve el incumplimiento empresarial del deber de información de las vacantes existentes a los fijos discontinuos[73].

---

[70] LÓPEZ BALAGUER, M.: «El nuevo contrato fijo-discontinuo…», *op. cit.*, pág. 13.
[71] MERINO SEGOVIA, A.: «Régimen jurídico del contrato fijo-discontinuo. Algunas consideraciones relativas a la ordenación del llamamiento», *Revista de Derecho Social,* núm. 103, págs. 46-47.
[72] LOUSADA AROCHENA, J. F.: *El contrato fijo discontinuo…, op. cit.*, pág. 82.
[73] Art. 24 del Real Decreto Legislativo 5/2000, de 4 de agosto, por el que se aprueba el texto refundido de la Ley sobre Infracciones y Sanciones en el Orden Social, BOE 08/08/2000/, núm. 189).

7.6. Formación continua

El art. 16.8 establece: «*las personas trabajadoras fijas-discontinuas tendrán la consideración de colectivo prioritario para el acceso a las iniciativas de formación del sistema de formación profesional para el empleo en el ámbito laboral durante los periodos de inactividad*».

Esta disposición no aclara cual es el alcance de la consideración de colectivo prioritario, es decir, si tienen preferencia frente a otros colectivos o si ante otros colectivos prioritarios, existe algún tipo de ordenación de prioridades. Tampoco se establece un procedimiento por el que pueda hacerse valer dicho carácter prioritario. En consecuencia, es una norma de obligatoriedad débil y si los poderes públicos no implementan de manera efectiva esta prioridad, no va a tener consecuencias favorables para las personas trabajadoras fijas discontinuas[74].

Se puede concluir que, las personas trabajadoras fijas discontinuas, tienen los mismos derechos en materia de formación que el resto de personas trabajadoras y, durante el periodo de inactividad, tienen un derecho prioritario.

---

[74] LOUSADA AROCHENA, J. F.: *El contrato fijo discontinuo…, op. cit.*, pág. 83.

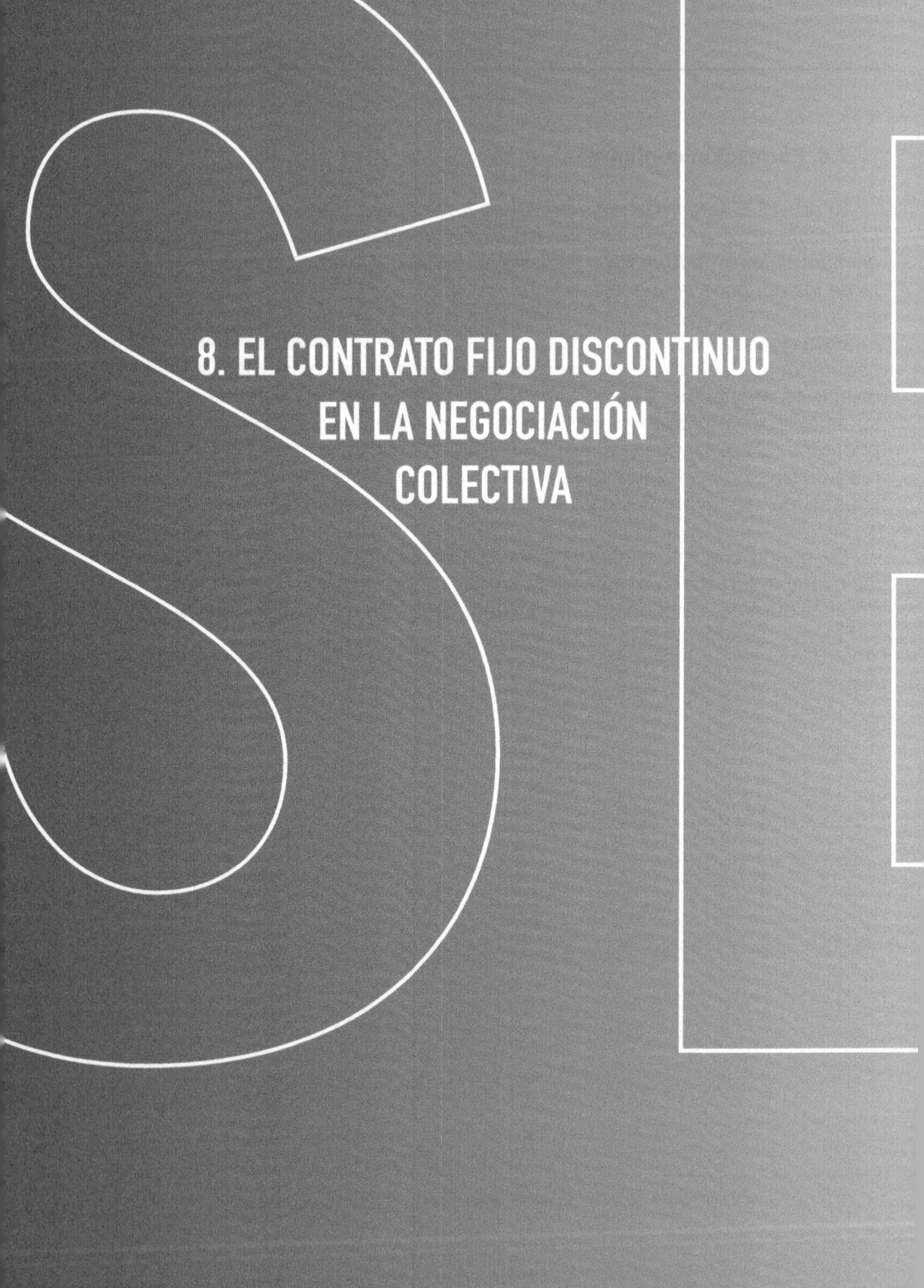

8. EL CONTRATO FIJO DISCONTINUO EN LA NEGOCIACIÓN COLECTIVA

8. EL CONTRATO FIJO DISCONTINUO EN LA NEGOCIACIÓN COLECTIVA

8.1. Aspectos generales

El Real Decreto Ley 32/2021 y el V Acuerdo para el Empleo y la Negociación Colectiva destacan la importancia de la negociación colectiva en la regulación de la contratación fija-discontinua. Ambos buscan fortalecer esta modalidad de contratación para adaptarse mejor a las necesidades tanto de las personas trabajadoras como de las empresas, promoviendo así un marco más flexible y justo.

La negociación colectiva se considera clave para definir estos aspectos, ya que permite adaptar la legislación a las particularidades de cada sector económico. Sin embargo, en ausencia de acuerdos específicos, el art. 16 ET puede quedarse sin el contenido necesario para ofrecer la necesaria seguridad jurídica. Por ello, es crucial que se desarrollen convenios colectivos y acuerdos de empresa que completen y clarifiquen esta normativa[75].

Así pues, el art. 16 ET establece qué materias serán desarrolladas mediante negociación colectiva:

a) **En los convenios colectivos o, en su defecto, en los acuerdos de empresa:** los criterios objetivos y formales por los que se debe regir el llamamiento, teniendo presente que, en todo caso, el mismo deberá realizarse por escrito o

---

[75] GORDO GONZÁLEZ, L.: «El contrato fijo discontinuo y su desarrollo por el convenio colectivo, una tarea inconclusa». En: *La negociación colectiva ante los nuevos retos jurídico-laborales: contratación, igualdad y digitalización* / coord. por Guillermo García González y Amanda Moreno Solana, Editorial Dykinson, S. L., 2023, págs. 99-127.

por otro medio que permita dejar constancia fehaciente de la notificación (art. 16.3 ET); y, el procedimiento para la formulación de solicitudes de conversión voluntaria en indefinido ordinario (art. 16.7 ET).

b) **En los convenios colectivos sectoriales:** en los supuestos en que el contrato fijo-discontinuo se justifique por la celebración de una contrata o subcontrata, el plazo máximo de inactividad entre contratas y subcontratas (art. 16.4 ET); bolsa sectorial de empleo (art. 16.5 ET); celebración del contrato a tiempo parcial cuando las peculiaridades de la actividad del sector así lo justifiquen (art.16.5 ET); censo anual del personal fijo-discontinuo (artículo 16.5 ET); y en su caso, periodo mínimo de llamamiento anual y cuantía por fin de llamamiento, cuando éste coincida con la terminación de la actividad y no se produzca, sin solución de continuidad, un nuevo llamamiento (art. 16.5 ET).

Materias regulables	Tipo de pacto
Criterios objetivos y formales del llamamiento	Convenio colectivo Acuerdo de empresa (art. 16.3 ET)
Conversión de contrato fijo discontinuo a fijo ordinario	Convenio colectivo sectorial Acuerdo de empresa (art. 16.7)
Fijos discontinuos a tiempo parcial	Convenio colectivo sectorial (art. 16.5 ET)
Censo anual de personal fijo-discontinuo	Convenio colectivo sectorial (art. 16.5 ET)
Plazo de inactividad entre contratas y subcontratas	Convenio colectivo sectorial (art. 16.4 ET)
Periodo mínimo de llamamiento anual, cuando este coincida con la terminación de la actividad y cuantía por fin de llamamiento y no se produzca, sin solución de continuidad, un nuevo llamamiento	Convenio colectivo sectorial (art. 16.5 ET)
Bolsa sectorial de empleo y formación	Convenio colectivo sectorial (art. 16.5 ET)

Cuadro n.º 10. Fuente: elaboración propia SEC UGT.

Conviene precisar que el legislador ha querido reforzar el papel del convenio colectivo, pero dejando abierta la posibilidad a que el acuerdo de empresa asuma algunas competencias en esta materia. Parte de la doctrina jurídica entiende que existe una falta de concreción sobre el concepto de «acuerdo» lo que llevaría a asumir que se trata de aquellos que tienen aplicación general dentro de colectivo de personas trabajadoras[76].

Otra cuestión relevante por considerar es que, en caso de concurrencia de convenios, serían de aplicación las reglas generales establecidas en el art. 84 ET[77].

8.2. Materias regulables en Negociación Colectiva

8.2.1. Criterios objetivos y formales del llamamiento

El llamamiento es uno de los elementos fundamentales para la configuración del contrato fijo-discontinuo, pues sin una regulación clara y detallada se desvirtuaría el carácter intermitente de la prestación de trabajo[78].

Criterios objetivos

- Fecha del llamamiento:

En este sentido son varios los convenios colectivos que han optado por establecer una fecha cierta en el llamamiento, o aproximada, si bien dejan abierta la posibilidad de modificación para atender a las necesidades del servicio o producción[79].

---

[76] SEMPERE NAVARRO, A. V.: «Sobre la contratación fija discontinua». *Revista Aranzadi Doctrinal,* núm. 8/2022. Edit. Aranzadi, S.A.U., págs. 12-20.

[77] Sobre esta cuestión, es importante tener en cuenta la modificación del art. 84 ET introducida por el Real Decreto Ley 2/2024, de 21 de mayo, por el que se adoptan medidas urgentes para la simplificación y mejora del nivel asistencial de la protección por desempleo, y para completar la transposición de la Directiva (UE) 2019/1158 del Parlamento Europeo y del Consejo, de 20 de junio de 2019, relativa a la conciliación de la vida familiar y la vida profesional de los progenitores y los cuidadores, y por la que se deroga la Directiva 2010/18/UE del Consejo. La norma establece que los convenios colectivos provinciales podrán tener la misma prioridad aplicativa que los autonómicos, siempre que su regulación sea más favorable para las personas trabajadoras que la fijada en los convenios o acuerdos estatales.

[78] AGUILAR DEL CASTILLO, M. C.: «El llamamiento en el contrato fijo discontinuo». En *Liber Amicorum: In memoriam al prof. Dr. Félix Salvador Pérez,* Alma Mater, 2022, págs. 299-317.

[79] CC Provincial de Trabajo de Hostelería y Turismo de Almería (BOP de Almería de 14/10/2022).

> **Ejemplo para la negociación colectiva:**
>
> El llamamiento de las personas trabajadoras fijas discontinuas de cada centro de trabajo deberá hacerse entre el 20 de mayo y el 1 de junio de cada año. La fecha de inicio de actividad será a partir del 15 de junio.
>
> En los casos en que la actividad del centro de trabajo comience con posterioridad a dicha fecha, el llamamiento se realizará dentro del mes… (establecer mes en función de las necesidades del servicio) de cada año y siempre con una antelación mínima de 15 días previos al inicio de la actividad.

La antelación también es un elemento importante pues permitirá a la persona trabajadora una mejor organización y conciliación de su vida personal y familiar.

Como ya ha mencionado en esta guía, la jurisprudencia ha admitido el plazo de 48 horas para la incorporación efectiva de la persona trabajadora, no obstante, algunos convenios han optado por establecer un plazo superior[80]. Aun así, en caso de extrema o urgente necesidad del servicio o producción cabría establecer un plazo inferior al de 15 días si se incluye una compensación económica para la persona trabajadora, que debería ser como mínimo el equivalente al salario por día trabajado multiplicado por el número de días de preaviso omitido. En este supuesto, la persona trabajadora no se verá obligada a atender el llamamiento[81].

> **Ejemplo para la negociación colectiva:**
>
> El llamamiento se efectuará con una antelación mínima de 15 días, en la forma establecida en el contrato de trabajo (Por ejemplo: correo electrónico y SMS). El llamamiento deberá indicar la fecha de incorporación al puesto de trabajo.
>
> La persona trabajadora no tendrá obligación de atender el llamamiento, en el supuesto de que por parte de la empresa no hubiera sido posible respetar el plazo de 15 días por razón objetiva derivada de la necesidad de cubrir un servicio con menor antelación.
>
> En caso de optar por atender el llamamiento, recibirá una compensación equivalente al salario por día multiplicado por el número de días de preaviso omitidos.

---

[80] CC del sector de conservas, semiconservas y salazones de pescado y marisco para los años 2021-2024 (BOE 11/08/2022).
[81] CC VII general de ámbito nacional del sector de aparcamientos y garajes (BOE 17/05/2024).

- Orden del llamamiento

Es conveniente que el convenio recoja el orden en que se realizará el llamamiento, así como la fecha límite y la forma en la que será publicada tal información en la correspondiente lista o bolsa. Algunos convenios vienen estableciendo que el orden debe ser actualizado anualmente y su publicación efectuada en los tablones de recursos humanos para que queden a disposición de las personas trabajadoras hasta la fecha del cierre de la temporada[82]; en caso de no disponer de tablón físico, se podrá realizar en el tablón virtual. Además, con el fin de garantizar una mejor comunicación durante todo el proceso, sería oportuno notificar a las personas trabajadoras de la publicación por medio de correo electrónico, mensaje de WhatsApp o cualquier otro medio establecido para realizar el propio llamamiento.

En cuanto a los criterios para efectuar el llamamiento, existe una fórmula que es la más utilizada con carácter general por los convenios: la antigüedad. Para ello se establece que la llamada se realizará por orden de mayor a menor antigüedad en la empresa. Algunos convenios especifican, que también se deberá tener en cuenta el subgrupo profesional y, a su vez, el puesto de trabajo de las personas trabajadoras asignadas a un determinado centro de trabajo y campaña o temporada[83]. Otros también hacen referencia a la capacitación, polivalencia y valoración del desempeño de trabajo[84]. Esto lleva a concluir que, para garantizar una mayor seguridad jurídica tanto para la empresa como para las personas trabajadoras, es conveniente establecer un conjunto minucioso de criterios que trascienda la antigüedad, con el fin de evitar cualquier situación de desventaja dentro de la plantilla[85].

---

[82] CC Empresa Parque Isla Mágica S. A. con vigencia desde su firma a 31-12-2026 (BOP Sevilla 13/11/2023).

[83] Resolución de 29 de febrero de 2024, de la Dirección General de Trabajo, por la que se registra y publica el Acta de aprobación del Acuerdo de regulación sobre el contrato de trabajo fijo-discontinuo del VII Convenio colectivo de Sintax Logística, S. A. (BOE 14/03/2024).

[84] CC empresa Heineken España, S. A. (BOE 2/12/2021) y CC empresa HERO España, S. A. (BO región de Murcia 10/10/2020).

[85] El CC de la empresa Chocolates del Norte S. A. (BO del Principado de Asturias 23/09/2021), recoge que el llamamiento se hará teniendo en cuenta «la aptitud, atención, asiduidad, responsabilidad e interés, así como a la polivalencia de los trabajadores Fijos-discontinuos, dentro de la misma especialidad profesional, en el desarrollo y práctica del llamamiento», y, si bien llama a la participación de la representación de las personas trabajadoras en el procedimiento, la utilización de conceptos indeterminados y difícilmente medibles de forma objetiva no parecen brindar la suficiente seguridad.

En definitiva, se trata de evitar situaciones arbitrarias donde la decisión de efectuar el llamamiento dependa exclusivamente del criterio empresarial.

Ejemplos de criterios de llamamiento definidos por normativa convencional
Acuerdo de regulación sobre el contrato de trabajo fijo-discontinuo del VII Convenio colectivo de Sintax Logística, S. A. (apartado 3. D)
Criterios: Los criterios por los que se regirá el llamamiento de los trabajadores fijos-discontinuos serán los siguientes: – El llamamiento de estos trabajadores se realizará por orden de mayor a menor antigüedad en la empresa, dentro de cada subgrupo profesional y, a su vez, dentro de éste atendiendo al puesto de trabajo a ocupar; y todo ello respecto de los trabajadores fijos-discontinuos asignados al centro de trabajo del mencionado puesto y a la correspondiente campaña o temporada. – Realizados los llamamientos del párrafo anterior, si la Empresa precisara de más personal fijo-discontinuo en un determinado puesto de trabajo, ésta deberá llamar a sus trabajadores fijos-discontinuos de otros centros de trabajo del mismo municipio, ello también por el orden indicado en el párrafo anterior.
CC empresa Heineken España, S. A. (art. 24.b)
A partir del día de la firma del presente Convenio se incorporará un criterio de mérito y capacidad que podrá influir en el orden de llamamiento de los/as trabajadores/as fijos/as discontinuos/as. i.   El criterio de mérito deberá ser objetivo y medible. ii.   Si se da una evaluación negativa en una campaña, podrá suponer la pérdida de una posición en el orden de llamamiento. Los llamamientos se producirán teniendo en cuenta en primer lugar el orden en el escalafón de la especialidad, si existiera en el Departamento al que corresponde el puesto a cubrir, y, si no existiera dicho escalafón de especialidad, se ingresará por el orden en el escalafón general. Los/as trabajadores/as fijos/as discontinuos/as en periodo de inactividad tendrán preferencia para cubrir cualquier necesidad de contratación temporal (…).

CC empresa HERO España
(art. 23)

(...) Los/as trabajadores/as fijos/as discontinuos/as prestarán sus servicios en aquellas secciones productivas, de acuerdo con su grupo profesional, puesto de trabajo y antigüedad en la forma que se determina en el presente artículo.

Cuando el/la trabajador/a fijo discontinuo haya demostrado una aptitud y capacitación podrá acceder a los distintos puestos de fijos/as discontinuos/as, teniéndose en cuenta la mayor o menor capacitación y la valoración del desempeño en el trabajo efectuado. Es facultad de la empresa la determinación de esos criterios objetivos (promoción y asignación a grupos profesionales y puestos) sin perjuicio de poner en conocimiento del Comité de Empresa cualquier adscripción a los mismos.

Se efectuará una lista anual, denominada Anexos, suscritos entre la representación de la empresa y el Comité de Empresa, con indicación de todos los trabajadores/as fijos discontinuos con su grupo profesional, puesto y antigüedad en el puesto a efectos de llamamientos, los cuáles se registran, si procede, al inicio de la campaña en el SEF, si bien las modificaciones que se pudieran producir a lo largo del año se comunicarían en este mismo Organismo Oficial.

El llamamiento y cese de los trabajadores/as fijos discontinuos en las respectivas secciones productivas, se realizará por orden de grupo profesional, puesto y antigüedad en el puesto, pudiendo estar adscrito en más de un puesto.

Cuadro n.° 11. Fuente: elaboración propia SEC UGT.

> **STS de 19 de enero de 2016, rec. núm. 1777/2014: las facultades de llamamiento de las personas trabajadoras fijas discontinuas al inicio de cada campaña no pertenecen al poder de dirección de la empresa.**
>
> Dado que el Convenio Colectivo para el personal laboral de la Comunidad de Madrid no establece criterios de selección, se denuncia la infracción del poder de dirección y organización del empresario, pues se considera que le corresponden las facultades de llamamiento al inicio de cada campaña.
>
> La Sala desestima el recurso pues *«en el supuesto concreto que se contempla, ante la ausencia de criterios concretos en el texto del convenio que, sin embargo, si prevé la formación de bolsas de trabajo, encomendando su concreción y gestión a la Comisión Paritaria, el acuerdo logrado en su seno para determinar el orden de prelación para la cobertura de los puestos de trabajo durante la campaña de 2012 resulta plenamente aplicable y vinculante».*

El convenio también debería regular qué sucede en caso de que dos personas trabajadoras se encuentren igualadas en el orden de llamamiento. Por ejemplo, se podría establecer un baremo compuesto por tres factores: a) 60 % antigüedad, b) 20 % formación, y c) 20 % evaluación del desempeño (que incluiría el número de ascensos, personal a cargo y otros criterios objetivos relacionados con el sector), efectuando la llamada a la persona que obtenga la mayor puntuación[86].

Todo este sistema de llamada puede ser complementado con causas que justifiquen la falta de incorporación por parte de la persona trabajadora, con el propósito de respetar su turno y evitar la pérdida del lugar correspondiente en la lista o bolsa para el siguiente llamamiento[87].

---

[86] CC III de ámbito estatal del sector de Contact Center (BOE 9/06/2023).
[87] CC Empresa Parque Isla Mágica S. A. con vigencia desde su firma a 31-12-2026 (BOP Sevilla 13/11/2023).

Ejemplo para la negociación colectiva:

Se considerarán causas justificadas las siguientes circunstancias ocurridas en el momento de producirse la correspondiente notificación:

- Hallarse en situación de incapacidad temporal o riesgo por embarazo.
-Enfermedad grave que suponga internamiento, intervención quirúrgica o fallecimiento de parientes hasta 2.º grado de consanguinidad o afinidad.
- Reposo domiciliario prescrito por el médico del trabajador/a y/o de parientes hasta 2.º grado de consanguinidad o afinidad.
 - Hallarse formando parte de un Jurado o de una Mesa Electoral durante la votación a elecciones generales, autonómicas, locales o europeas.
- Encontrarse realizando estudios oficiales de Bachillerato, Formación Profesional o Universitario.
- Víctima de violencia de género.
- Si un/a trabajador/a, antes de que se produzca su llamada, notifica fehacientemente a la empresa que se encontrará ausente de su domicilio por viaje, de producirse su llamada durante dicho plazo, la empresa podrá correr turno y llamar al siguiente o siguientes trabajadores/as de su lista, sin que éste/a pierda su orden original de bolsa y su derecho a garantía en función de su orden de llamamiento.

- Características de la prestación de la actividad

El art. 16.2 ET permite que en el momento del llamamiento se concreten los elementos esenciales de la actividad laboral, como pueden ser la duración del periodo de actividad, la jornada y su distribución horaria.

Atendiendo a la finalidad de las modificaciones introducidas para este tipo de contrato, la concreción de esta información a las personas trabajadoras es crucial, pues claramente la falta de certeza no contribuye a eliminar la precariedad y fomentar la estabilización del empleo. De lo contrario, se generarían unos límites muy difusos con el denominado «contrato a llamada o cero horas»[88] que nuestro

---

[88] GORDO GONZÁLEZ, L.: «El contrato fijo discontinuo…», *op. cit.*, págs. 99-127. El contrato cero horas es una modalidad contractual en la que la persona trabajadora no tiene garantizado un mínimo de horas de trabajo, sino que son establecidas por la empresa conforme a sus necesidades. Lo que se busca con esta figura es brindar mayor flexibilidad al mercado laboral en aquellos sectores cuya necesidad de personal fluctúa a lo largo del año. Se trata de un contrato que no ofrece estabilidad económica a las personas trabajadoras que además ven disminuidos sus derechos en comparación con aquellas que cuentan con un contrato fijo.

ordenamiento jurídico parece intentar evitar mediante la trasposición de la Directiva (UE) 2019/1152 del Parlamento Europeo y del Consejo, de 20 de junio de 2019, relativa a unas condiciones laborales transparentes y previsibles en la Unión Europea[89].

Debe tenerse en cuenta que la mayoría de los convenios colectivos no hacen referencia sobre este extremo[90]. Sin embargo, existen algunas excepciones, en las que se establece una voluntad de consensuar con la RLPT un modelo de contrato que se ajuste de forma cierta a las particularidades del sector[91]. Por lo que cabe esperar una progresiva adaptación de la regulación convencional.

Ejemplo para la negociación colectiva:

La distribución horaria de las personas contratadas bajo la modalidad fijo-discontinua se realizará de igual manera que para el resto de la plantilla contratada a jornada completa. Por lo que, en el momento de la llamada, la empresa se compromete a hacer entrega del cuadrante horario (incluidos los periodos de descanso) en el que, con carácter regular, el trabajador/a desarrollará las siguientes funciones (en base a la categoría y grupo profesional):

- a), b), c) …

El cambio de jornada se regulará conforme a las disposiciones legalmente vigentes.

---

[89] El 6 de febrero de 2024, El Consejo de ministros aprobó el anteproyecto de ley para la transposición de la Directiva (UE) 2019/1152. La nueva redacción del art. 4 ET establece el derecho a que las condiciones de trabajo sean previsibles, es decir, que la persona trabajadora deberá conocer de antemano su pauta de trabajo y, en su caso, los criterios en virtud de los cuales dichas condiciones pueden cambiar.

[90] Entre otros, CC estatal del sector de Agencias de Viajes (BOE 02/09/2023), CC VII estatal para la acuicultura 2023-2025 (BOE 30/05/2024), CC de acción e intervención social 2022-2024 (BOE 28/10/2022).

[91] CC de la industria del calzado (BOE 10/04/2023).

Criterios formales

- Comunicación del llamamiento

La forma en que se realizará la comunicación del llamamiento no es una cuestión baladí pues de ello depende que se produzca la incorporación de la persona trabajadora a su puesto de trabajo. Como ya se ha analizado en el apartado 4 de esta guía, se admiten varios métodos de comunicación entre los que se encuentran:

- Notificación por correo electrónico con acuse de recepción y lectura.
- Mensaje de texto SMS.
- Burofax.
- Telegrama.
- Correo postal certificado.
- Mensajes a través de las aplicaciones de mensajería instantánea tales como WhatsApp y Telegram.

En la actualidad, la mayoría de los convenios optan por establecer un régimen de comunicación que, como establece la norma, sea por escrito o permita dejar constancia de la debida notificación a la persona trabajadora (art. 16.3 ET)[92].

Sin embargo, mientras algunos procuran abarcar en su regulación diferentes métodos de comunicación alternativos a elección de la persona trabajadora[93], otros solo se limitan a fijar el correo electrónico como único instrumento válido[94]. Huelga decir que establecer diferentes posibilidades (preferiblemente conjuntas y no alternativas) de comunicación facilita la notificación efectiva al trabajador/a.

---

[92] Entre otros, CC del Sector de Trabajo en el Campo para la Comunidad de Madrid (BOE 14/02/2023); CC interprovincial del sector de la industria de hostelería y turismo de Cataluña (DOGC 5/01/2023); CC XXV estatal de oficinas de farmacia (BOE 28/12/2022).
[93] CC XI nacional para las industrias de pastas alimenticias (BOE 21/03/2023).
[94] CC III de ámbito estatal de la industria de producción audiovisual (técnicos) (BOE 6/04/2024).

Ejemplo para la negociación colectiva:

El llamamiento se realizará mediante comunicación escrita por medios tecnológicos, siempre que el trabajador/a disponga de ellos. La persona trabajadora elegirá a tal efecto dos de los siguientes medios para que ambos sean utilizados por la empresa para su correspondiente notificación:

-   Notificación por correo electrónico con acuse de recepción y lectura.
-   Mensaje de texto SMS.
-   Burofax.
-   Telegrama.
-   Correo postal certificado.
-   Mediante la utilización de aplicaciones de mensajería instantánea: WhatsApp, Telegram u otra similar.

8.2.2. Periodo mínimo de contratación y cuantía por fin de llamamiento

La negociación colectiva también juega un papel crucial en lo referente al periodo de contratación y la posibilidad de que los convenios establezcan una cuantía económica a entregar a la persona trabajadora una vez finalizada la actividad y no se vaya a producir un nuevo llamamiento. En caso de no existir regulación convencional el legislador no ha dispuesto ninguna medida supletoria en el ET.

Se trata de una materia que aún necesita de un amplio desarrollo en nuestro ordenamiento jurídico pues son pocos los convenios que en la actualidad han incidido en esta cuestión. En determinados casos, solo se ha hecho una remisión a que sea la RLPT de cada empresa la que delimite ambos derechos[95].

No obstante, algunos han regulado con acierto una compensación[96] en el caso de que la empresa no posibilitara el periodo mínimo de servicios, consistente en el equivalente o un porcentaje de la cantidad de los salarios del periodo que reste del mínimo de ocupación establecido[97]. Lo mismo ocurre a la hora de fijar una cuantía por fin de llamamiento cuando no existe solución de continuidad.

---

[95] CC XXIII de contratas ferroviarias (BOE 28 /06/2022).
[96] Entre otros, CC VII de industrias de ferralla 2023-2024 (BOE 16/02/2024) y CC VII general del sector de la construcción (BOE 23/09/2023).
[97] CC estatal de tejas, ladrillos y piezas especiales de arcilla cocida (BOE 7/12/2023).

Sobre el periodo mínimo de actividad existe también una escasez de regulación en el ámbito convencional. Sin embargo, es una herramienta que, sin duda, permitiría garantizar mayor estabilidad y seguridad a las personas trabajadoras y ser determinante para la planificación de recursos humanos y la gestión del tiempo de trabajo. En la actualidad, son muy pocos los convenios[98] que prevén periodos de actividad que, por lo general, oscilan entre 3 y 6 meses[99].

> **Ejemplo para la negociación colectiva:**
>
> La prestación de servicios de las personas con contrato fijo discontinuo irá en función de las necesidades productivas de la empresa, estableciéndose un periodo mínimo de actividad de 6 meses al año.
>
> En el supuesto de que la empresa no posibilitara el periodo mínimo de servicios deberá compensar a la persona trabajadora con una cantidad equivalente a los salarios del periodo que resto de los 3 meses mínimos de ocupación establecidos.
>
> Si el fin del llamamiento coincidiese con la terminación de la actividad, y no se produjese, sin solución de continuidad, un nuevo llamamiento, la empresa satisfará a la persona trabajadora una cuantía por fin de llamamiento del xx %, calculada sobre los conceptos salariales devengados durante la totalidad del periodo de actividad.

8.2.3. Bolsa de empleo y formación

Los convenios colectivos de ámbito sectorial son los instrumentos llamados a regular la bolsa sectorial de empleo y la formación continua de las personas trabajadoras fijas- discontinuas. No obstante, dado que el ET no determina lo contrario, se puede tratar del sector estatal, autonómico, provincial o comarcal[100].

La bolsa de empleo es el instrumento idóneo para proporcionar a la persona trabajadora la oportunidad de continuar desempeñando la misma actividad para

---

[98] CC estatal para las industrias de curtido, correas y cueros industriales y curtición de pieles para peletería (BOE 22/03/2023).
[99] AGUILAR DEL CASTILLO, M. C.: «El llamamiento en el contrato fijo discontinuo», *op. cit.,* págs. 299-317.
[100] CC Sector Construcción y Obras Públicas, suscrito por la Organización Empresarial Asociación de Empresas de la Construcción de Madrid (AECOM), y por la representación sindical CC.OO. del Hábitat de Madrid y UGT FICA MADRID (BOE 21/12/2023).

la que fue contratada inicialmente. Sin embargo, parte de la doctrina entiende que se debería concretar la relación entre la contratación original de la persona trabajadora y su eventual llamamiento por parte de una empresa nueva. Así pues, existe la posibilidad de que se produzca cierta colisión de interesas e inseguridad jurídica, si la persona trabajadora que se encuentra trabajando en una nueva empresa, es llamada por la empresa original para incorporarse al puesto de trabajo que por orden de llamamiento le correspondería[101].

Ejemplo para la negociación colectiva (ámbito provincial):

La bolsa sectorial de empleo, que tendrá carácter provincial, podrá estar integrada por aquellas personas con contrato fijo-discontinuo que de forma voluntaria soliciten su inclusión y formen parte del ámbito personal del presente convenio.

El XXXX (organismo/departamento perteneciente a la empresa), encargado del procedimiento, elaborará y articulará el funcionamiento a fin de que las personas trabajadoras que estén interesadas puedan enviar su currículum.

Las personas trabajadoras incluidas en esta bolsa tendrán absoluta prioridad en la contratación por parte de las empresas del sector, siempre que cumplan con las características de los puestos de trabajo que necesiten cubrir.

En caso de que, de forma simultánea, el trabajador/a se encuentre trabajando para una empresa nueva y reciba la notificación de incorporarse a la empresa de origen, se entenderá como causa justificada la no atención al llamamiento, sin que ello suponga un menoscabo en la posición que ocupa para los sucesivos llamamientos. Es decir, la persona trabajadora mantendrá el mismo lugar en el orden de llamamiento para las siguientes convocatorias.

En lo que respecta a la formación, cabe destacar que las personas trabajadoras fijas-discontinuas son consideradas un colectivo prioritario para acceder a las iniciativas de capacitación del Sistema de Formación profesional para el empleo durante los periodos de inactividad. El objetivo de esta consideración es facilitar la recualificación de las personas trabajadoras, evitando así la obsolescencia de sus habilidades. La relevancia que el legislador otorga a este asunto demanda una atención especial por parte de los convenios colectivos.

---

[101] LOUSADA ORCHENA, J. F.: *El contrato fijo discontinuo tras la reforma laboral, op. cit.,* págs. 86-87.

Por ello, resulta acertada la regulación de algunos sectores que incluyen como causa justificativa, de la no incorporación de la persona trabajadora tras el llamamiento, la incompatibilidad entre el horario ofrecido por la empresa con los horarios de estudios para la obtención de un título académico o de capacitación profesional[102].

8.2.4. Censo anual de personal fijo-discontinuo

El art. 16.5 ET reserva la facultad de decidir sobre la elaboración de un censo anual a los convenios colectivos sectoriales, cuestión que resulta de difícil comprensión si se tiene en cuenta que para llevar a cabo una contratación fija-discontinua eficaz es conveniente que todas las empresas cuenten con esta herramienta a fin de cumplir con los criterios propios de organización[103].

Como puede observarse en el siguiente gráfico, de 195 convenios colectivos de ámbito estatal analizados, 20 han incluido algún tipo de regulación sobre la materia. Es decir, apenas el 10,25 % cuentan con regulación sobre la elaboración del censo anual.

CONVENIOS COLECTIVOS SECTORIALES DE ÁMBITO ESTATAL

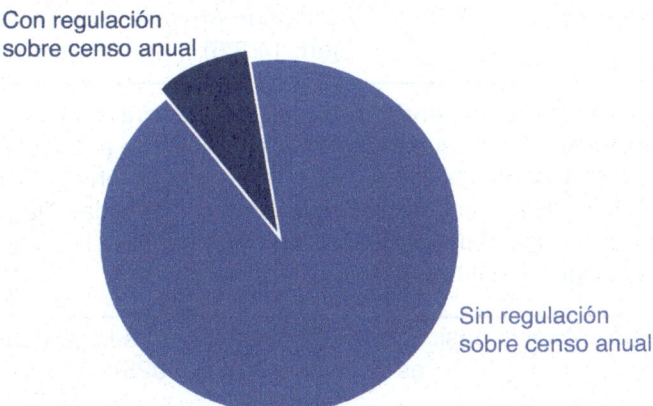

Gráfico n.º 31. Fuente: elaboración propia SEC UGT con datos de convenios colectivos sectoriales de ámbito estatal analizados el 14/08/2024.

---

[102] CC IV estatal de instalaciones deportivas y gimnasios (BOE 11/06/2018).
[103] GORDO GONZÁLEZ, L.: «El contrato fijo discontinuo…», *op. cit.*, págs. 99-127.

> **Ejemplo para la negociación colectiva:**
>
> En cada empresa, por centro de trabajo, se elaborará un censo anual de personal fijo-discontinuo, que deberá ser comunicado a la RLPT, y en el que se hará constar la identificación de cada persona fija discontinua, los periodos de actividad fija discontinua desarrollados en los últimos 3 años, categoría, grupo profesional y antigüedad laboral, además de lo recogido en el art. 16 ET sobre la previsión de contratación fija discontinua.

Otro aspecto a tener en cuenta es la adecuación de los datos publicados en el censo a la normativa sobre protección de datos. La publicidad de los datos puede ser garantía de transparencia, no obstante, existe riesgo de vulnerar los derechos de las personas trabajadoras si no se realiza con la debida diligencia. Algunos sectores han considerado publicar en el tablón de anuncios el censo de trabajadores/as fijos discontinuos, a tal efecto, se debe evitar exponer aquellos datos de carácter personal como el DNI, correo electrónico o teléfono[104].

Ejemplos de disposiciones sobre el censo anual desarrolladas bajo regulación convencional
Convenio colectivo estatal del sector de Agencias de Viajes (2023-2024). [art. 14.3.6]
En cada empresa, por centro de trabajo, se elaborará un censo anual de personal fijo-discontinuo, que deberá ser comunicado a la representación legal de las personas trabajadoras, y en el que se hará constar la identificación de cada persona fija discontinua, los periodos de actividad fija discontinua desarrollados en los últimos tres años, jornada habitual realizada, grupo profesional y antigüedad laboral.
Convenio colectivo básico, de ámbito estatal, para la fabricación de conservas vegetales (2022 -2025). [art. 21]
Cada año las empresas confeccionarán y publicarán el censo por centro de trabajo y secciones en el que se relacionará el personal por modalidad de contratación y por categorías y, dentro de éstas, por antigüedad en la empresa, categoría profesional y antigüedad en la categoría.

---

[104] CC para las industrias de turrones y mazapanes (BOE 28/12/2022).

La empresa entregará una copia del Censo al Comité de Empresa y lo publicará para conocimiento del personal, estando expuesto en el tablón de anuncios durante el plazo de 30 días naturales y las personas trabajadoras que se consideren perjudicadas podrán reclamar por escrito en el mismo plazo ante la Dirección de la empresa.

En el caso de que la empresa deniegue la petición o transcurrieran 15 días sin haber resuelto sobre la misma, el afectado podrá ejercer las acciones legales oportunas.

Convenio colectivo general de ámbito estatal para el sector del estacionamiento regulado en superficie y retirada y depósito de vehículos de la vía pública (2018-2025).
[art. 24.C]

Las empresas dispondrán de un censo anual de contratados fijos discontinuos a tiempo completo y a tiempo parcial ordenado por niveles funcionales de mayor a menor antigüedad que deberá ser entregado a la RLPT del centro de trabajo, a solicitud de estas.

La empresa deberá trasladar a la RLPT, a su solicitud, con la suficiente antelación, al inicio de cada año natural, un calendario con las previsiones de llamamiento anual, o en su caso, semestral, así como los datos de las altas efectivas de las personas fijas discontinuas una vez se produzcan.

Cuadro n.º 12. Fuente: elaboración propia SEC UGT.

8.2.5. Doble precarización en el contrato fijo discontinuo a tiempo parcial

La anterior redacción del art. 16 ET ya contemplaba que deberían ser los convenios colectivos sectoriales los que regularan el contrato de trabajo fijo discontinuo a tiempo parcial, por tanto, la disposición actual no supone una novedad. Parte de la doctrina entiende que esto se debe a que el legislador ha querido proteger los derechos de las personas trabajadoras con el fin de evitar una doble precarización, pues se está ante una situación de discontinuidad de la prestación del servicio a la que se le añadiría la parcialidad de la jornada[105].

---

[105] LOUSADA ORCHENA, J. F.: *El contrato fijo discontinuo tras la reforma laboral, op. cit.*, pág. 10.

ART. 16.5 VIGENTE ET	ART. 16.4 ANTERIOR ET
5. Estos mismos convenios podrán acordar, cuando las peculiaridades de la actividad del sector así lo justifiquen, la celebración a tiempo parcial de los contratos fijos-discontinuos, y la obligación de las empresas de elaborar un censo anual del personal fijo-discontinuo.	4. Los convenios colectivos de ámbito sectorial podrán acordar, cuando las peculiaridades de la actividad del sector así lo justifiquen, la celebración a tiempo parcial de los contratos fijos-discontinuos, así como los requisitos y especialidades para la conversión de contratos temporales en contratos fijos-discontinuos.

Cuadro n.º 13. Fuente: elaboración propia SEC UGT.

Sin embargo, otros autores consideran que la práctica obligará a la contratación parcial de las personas fijas-discontinuas pues las necesidades productivas de las empresas así lo requerirán. Más aún, entienden que el legislador no debería haber actuado tan restrictivamente al limitar la regulación parcial a los convenios colectivos sectoriales dejando fuera a los de empresa[106].

Con todo, algunos convenios ya incluyen la regulación de esta figura[107], que no está exenta de críticas pues se considera que podría facilitar algunas situaciones de fraude de ley en las que las personas trabajadoras son obligadas a realizar excesos de jornadas no retribuidos ni cotizados por las empresas[108], e incluso son mayormente susceptibles recibir un trato desigual en relación con los trabajadores/as que prestan sus servicios a tiempo completo.

Del total de los convenios colectivos de ámbito estatal analizados, en el 12 % de ellos si se menciona que las personas trabajadoras fijas discontinuas pueden trabajar a su vez a tiempo parcial, por ejemplo, en los convenios de actividades como agencias de viaje, limpieza, instalaciones deportivas y gimnasios, así como también en el de ocio educativo y sociocultural; mientras que en un 84 % de los

---

[106] LÓPEZ BALAGUER, M.: «El nuevo contrato fijo-discontinuo. Lex Social», *Revista De Derechos Sociales,* 13, págs. 1-31.
[107] CC nacional para las empresas dedicadas a los servicios de campo para actividades de reposición y servicios de marketing operacional (BOE 23/10/2023).
[108] SANZ MIGUÉLEZ, J. A.: «Efectos de la utilización del contrato fijo discontinuo a tiempo parcial». *Revista Española de Derecho del Trabajo,* núm. 265, págs. 81-106.

convenios no se dice nada al respecto. No obstante, en el 2 % resulta ambigua esta distinción y en otro 2 % se especifica que no se debe contratar a personas fijas discontinuas a tiempo parcial, como es el caso del convenio de tejas, ladrillos y piezas especiales de arcilla cocida; en su art.12.10 sobre contrato fijo discontinuo establece que *«No cabe la realización de contratos fijos discontinuos a tiempo parcial»*, lo que constituye un ejemplo de buenas prácticas para evitar la doble precariedad.

SAN núm. 6/2024, de 22 de enero: igualdad de trato (percibo de complemento) entre las personas trabajadoras fijas-discontinuas contratadas a tiempo parcial y las contratadas a tiempo completo.

La Sala recuerda que no existe *«un principio de igualdad absoluta, sino de equiparación de derechos, con la proporcionalidad como vector complementario siempre que sea adecuado».* Por ello, *«la equiparación entre trabajadores fijos y trabajadores a tiempo parcial debe ser plena cuando el derecho en juego sea indivisible, mientras que deberán reconocerse proporcionalmente cuando los derechos sean medibles en función del tiempo de trabajo».*

En consecuencia, se declara la nulidad de la mención «a tiempo completo» del denominado «complemento fijo discontinuo a tiempo completo» contenido en el XXII Convenio Colectivo del personal de tierra de Iberia Líneas Aéreas de España, SA, Operadora S. Unipersonal, pues *«se trata de un complemento salarial de naturaleza indivisible en la terminología de la doctrina expuesta de forma que se percibe por el mero hecho de desempeñar la jornada a tiempo completo, y que se encuentra completamente desvinculado de criterio alguno que justifique el trato diferenciado».*

8.2.6. Negociación colectiva, el plazo de inactividad entre contratas y subcontratas y su relación con las ETT

Sin duda una de las novedades más importantes de la nueva regulación de art. 16 ET es el llamamiento que se hace a los convenios colectivos sectoriales para regular los periodos máximos de inactividad (espera de recolocación) entre contratas. Dado que admite expresamente la contratación fija-discontinua con causa en la celebración de contratas, subcontratas o con motivos de concesiones administrativas, el legislador ha querido también fijar un periodo máximo de inactividad (3 meses) que actúa en defecto de previsión convencional sectorial, pero sin condicionar la facultad que se le ha otorgado a la negociación colectiva.

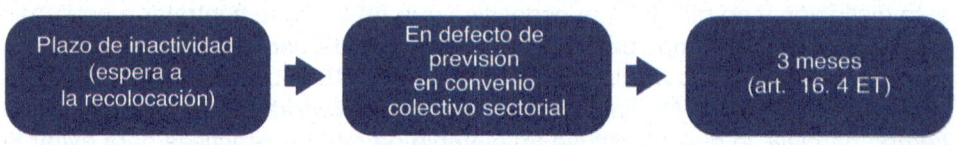

Gráfico n.º 32. Fuente: elaboración propia SEC UGT.

Por ello, ciertos convenios sectoriales han ampliado el plazo hasta alcanzar los 6 meses[109], incluso algunos convenios de empresa han optado por este plazo[110]. Por otra parte, existen convenios sectoriales, que no contienen una delimitación temporal y se limitan a indicar que el plazo máximo de inactividad será el correspondiente al periodo en que la persona trabajadora no realice la prestación de servicios[111]. No obstante, para estos supuestos, parte de la doctrina considera que opera el plazo legal máximo de inactividad de 3 meses[112].

Este sistema tiene entre sus finalidades garantizar que la persona trabajadora no quede en situación de inactividad por la decisión unilateral de la empresa, por lo que la recolocación se configura como una medida obligatoria. Es decir, la empresa contratista deberá dar preferencia a la contratación de las personas fijas discontinuas, y solo podrá utilizar los mecanismos del art. 52.c) ET en caso de despido una vez que haya finalizado la contrata y habiendo transcurrido el periodo de inactividad establecido legal o convencionalmente[113].

---

[109] CC del sector del servicio de educación ambiental de la Comunidad de Madrid, 2022-2025 (BOCM 29/10/2022).
[110] CC general del sector de la construcción (BOE 23/09/2023).
[111] CC Adecco TT, SA, ETT. (BOE 20/01/2023).
[112] MERINO SEGOVIA, A.: «El contrato fijo-discontinuo…», *op. cit.*, págs. 21-48.
[113] MERINO SEGOVIA, A. *Ibidem.*

STSJ Madrid, núm. 325/2022, de 30 de marzo: el periodo de inactividad entre contratas implica una obligación para la empresa de recolocación de la persona trabajadora.

La Sala explica de forma clara y precisa que *«tras la finalización de una contrata no es ya posible despedir a un trabajador al amparo del artículo 52.c del Estatuto de los Trabajadores basándose en dicha finalización hasta que no hayan transcurrido tres meses (o el periodo de espera que establezca el convenio colectivo), tras lo cual ya la empresa queda habilitada para adoptar las medidas coyunturales o definitivas que procedan. Y lógicamente ese periodo de espera implica una obligación de recolocación del trabajador, aunque sea en términos imprecisos, de manera que si se acredita que hubo posibilidades de tal recolocación durante el mismo el despido no puede ser considerado improcedente».*

En el caso de las ETT, operan las disposiciones del art. 10.3 LETT que establecen una clara diferencia respecto a las contratas y subcontratas, puesto que vincula los periodos de inactividad con el plazo de espera de puesta a disposición sin establecer límite temporal alguno en defecto de convenio[114]. Ciertamente, las ETT son las grandes protagonistas tras la última reforma del ET, lo que, a su vez, indica que esta nueva estrategia de utilizarlas como herramientas de estabilización y flexibilización del mercado de trabajo ha venido para quedarse. Es evidente que ha producido una ruptura definitiva con lo que mantenía la Sala de lo Social del Tribunal Supremo *«No hay (…), previsión alguna respecto a la posibilidad de que la ETT celebre un contrato indefinido fijo-discontinuo»* (STS núm. 728/2020, de 30 de julio), tal y como se ha expuesto en el apartado 2 de esta guía.

Esta cuestión no es menor, ya que estadísticas publicadas por el Ministerio de Trabajo y Economía Social indican que las ETT concentran el 79,64 %[115] de la contratación fija-discontinua. Por ello, es fundamental supervisar minuciosamente todos los aspectos que configuran este tipo de contrato, ya que la alta rotación de personal en el sector coloca a las personas trabajadoras en una situación de desventaja y vulnerabilidad.

---

[114] MERINO SEGOVIA, A. *Ibidem.*

[115] Datos extraídos de las Estadísticas de Contratos del mes de mayo de 2024 del Ministerio de Trabajo y Economía Social disponible en: https://www.sepe.es/HomeSepe/que-es-el-sepe/estadisticas/contratos/estadisticas-nuevas/2024/mayo.html
Y de las Estadísticas de Empresas de Trabajo temporal del mismo mes disponibles en: https://www.mites.gob.es/es/estadisticas/mercado_trabajo/ETT/welcome.htm

8.4. Conversión de contrato fijo discontinuo a fijo ordinario

La transformación de un contrato de trabajo fijo discontinuo a uno indefinido a tiempo completo debe llevarse a cabo mediante acuerdo entre la empresa y la persona trabajadora recurriendo a la novación contractual que se encuentra regulada en el art. 3.1.c) ET.

En todo caso, la transformación tendrá carácter voluntario para la persona trabajadora, y no podrá ser impuesta por la empresa o derivada de una modificación de las condiciones de trabajo.

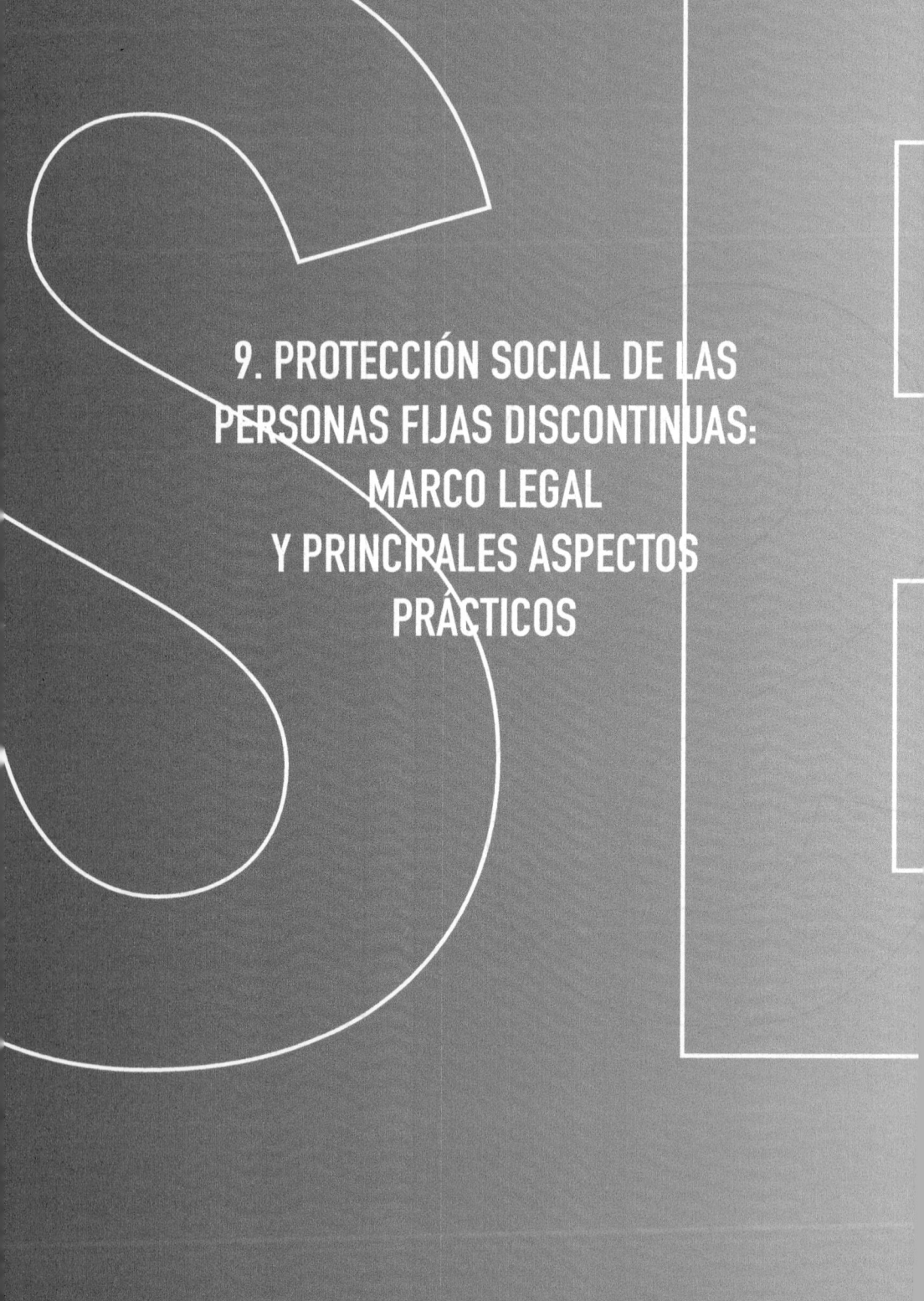

9. PROTECCIÓN SOCIAL DE LAS PERSONAS FIJAS DISCONTINUAS: MARCO LEGAL Y PRINCIPALES ASPECTOS PRÁCTICOS

9. PROTECCIÓN SOCIAL DE LAS PERSONAS FIJAS DISCONTINUAS: MARCO LEGAL Y PRINCIPALES ASPECTOS PRÁCTICOS

9.1. Introducción

La normativa básica sobre protección social de las personas trabajadoras fijas discontinuas se encuentra en lo que concierne a la esfera de la Seguridad Social en los arts. 245 a 248 LGSS y en materia de protección por desempleo en los arts. 266 a 273 LGSS. Por las especiales circunstancias del contrato fijo discontinuo que alterna periodos de prestación de servicios y de no actividad, durante estos últimos la persona trabajadora estará en situación legal de desempleo, por lo tanto, en situación asimilada al alta en el sistema de la Seguridad Social. Lo prevé de forma específica el art. 267.1 d) LGSS:

> «Se encontrarán en situación legal de desempleo los trabajadores que estén incluidos en alguno de los siguientes supuestos:
> (…)
> d) Durante los periodos de inactividad productiva de los trabajadores fijos-discontinuos».

En los supuestos en los que las personas fijas discontinuas no hayan cotizado lo suficiente para acceder a una prestación de desempleo contributiva, podrán hacerlo a un subsidio asistencial (a estos efectos es relevante tener en cuenta las sucesivas reformas desde el año 2022 —la última en el Real Decreto Ley 2/2024, de 21 de mayo[116], en vigor a partir del 1 de noviembre—, con acuerdo de diálogo social, para facilitar el acceso a este nivel de protección de mínimos).

---

[116] Real Decreto Ley 2/2024, de 21 de mayo, por el que se adoptan medidas urgentes para la simplificación y mejora del nivel asistencial de la protección por desempleo, y para completar la transposición de la Directiva (UE) 2019/1158 del Parlamento Europeo y del Consejo, de 20 de junio de 2019, relativa a la conciliación de la vida familiar y la vida profesional de los progenitores y los cuidadores, y por la que se deroga la Directiva 2010/18/UE del Consejo. BOE 22/05/2024, núm. 124.

Es necesario destacar que, en materia de Seguridad Social, se produce una aproximación en la regulación del contrato fijo discontinuo el de tiempo parcial. A tal efecto el art. 245, apartado 2.º LGSS, establece que:

> *«Las reglas contenidas en esta sección serán de aplicación a los trabaja-dores con contrato a tiempo parcial…y contrato fijo-discontinuo, de conformidad con lo establecido en los artículos 12 y 16 ET, comprendidos en el campo de aplicación del Régimen General, incluidos los trabajadores a tiempo parcial o fijos discontinuos pertenecientes al Sistema Especial para Empleados de Hogar.»*

Se trata de una asimilación general, a efectos de Seguridad Social, de la fijeza discontinua a la parcialidad. En efecto, el art. 245.1 LGSS, indica que el trabajo a tiempo parcial debe tener un tratamiento análogo, o equivalente, al trabajo a tiempo completo en el ámbito de la protección social.

> *«La protección social derivada de los contratos de trabajo a tiempo parcial se regirá por el principio de asimilación del trabajador a tiempo parcial al trabajador a tiempo completo y específicamente por lo establecido en este capítulo y en los artículos 269.2 y 270.1 con relación a la protección por desempleo».*

Gráfico n.º 33. Fuente: elaboración propia SEC UGT.

El contenido de la norma es claro. Con carácter general, la protección de las personas fijas discontinuas se asimila a la de las personas a tiempo parcial, y la de éstas, por tanto, también las fijas discontinuas a las personas a tiempo completo. Ahora bien, **ni el marco normativo ni su aplicación práctica garantizan esa equiparación teórica**, lo que genera dudas y disfunciones. A partir de la afirmación asimiladora, la realidad normativa es la de existencia y continuidad de notables especificidades, por lo general constitutivas de un efecto de desprotección, o, cuando menos, de incertidumbre en su situación. Se va a analizar de forma desagregada atendiendo a los diferentes aspectos que integran las relaciones de Seguridad Social.

Gráfico n.º 34. Fuente: elaboración propia SEC UGT.

9.2. Encuadramiento y cotización en el sistema de seguridad social: altas-bajas y periodos de carencia

9.2.1. Encuadramiento en el sistema de seguridad social: altas-bajas

Tratándose de un sistema eminentemente contributivo, causar derecho a una prestación de la Seguridad Social requiere que la persona esté afiliada y en alta (o situación asimilada) al sobrevenir la contingencia o la situación protegida, además debe cumplir un periodo mínimo de cotización en función de la prestación de que se trate. En el caso de los contratos fijos discontinuos, como es obvio, la interrupción de la actividad laboral hasta el momento del nuevo llamamiento. En principio, ningún problema se plantea si se está en situación legal de desempleo.

Conviene diferenciar tres situaciones diferentes:

a) **Situación jurídico-social: que la persona fija discontinua esté en situación legal de desempleo art. 267.1 d) LGSS.**

En efecto, cuando la persona trabajadora reúne el periodo de carencia que se exige para devengar la prestación por desempleo (o para acceder al subsidio de nivel asistencial), **durante el periodo de inactividad se halla en una situa-**

ción asimilada al alta (arts. 165.1 LGSS y 36.1.1 RD 84/1996, de 26 de enero[117]). Por lo tanto, queda plenamente cubierta ante el acaecimiento de cualquier tipo de contingencia. Conviene tener en cuenta que esta regla general de asimilación al alta a efectos de todas las prestaciones del sistema puede encontrar, a su vez, alguna excepción, en aquellas prestaciones que exijan la permanencia en activo (ej. prestación de riesgo durante el embarazo y la lactancia natural; prestación para el cuidado de hijos/as con cáncer u otra enfermedad grave).

b) Situación jurídico-social: que la persona fija discontinua no perciba desempleo ni tenga firmado un convenio especial de Seguridad Social.

En la práctica, aunque un importante número de personas fijas discontinuas perciben bajas prestaciones por desempleo y de escasa duración, es frecuente (más tras la reforma laboral y el RDL 2/2024, 21 de mayo) que accedan a un subsidio de desempleo (tanto contributivo como asistencial).

Pero, lamentablemente, también hay personas trabajadoras fijas discontinuas que no están bajo este paraguas protector. En este caso, hay que tener en cuenta que **no** regiría la misma obligación de mantenimiento en alta (o asimilada). Por tanto, **se producirá la baja en el sistema** de la Seguridad Social durante los periodos de inactividad, decayendo la obligación empresarial de cotizar hasta el nuevo llamamiento. Aquí el sistema presenta **una falla reguladora que crea una laguna de protección** social: el vínculo contractual continúa (la relación es indefinida y hay derecho a ser llamado/a), pero no la relación de Seguridad Social (no hay ni alta o situación asimilada, ni cotización).

Se produce una laguna de cotización dentro de la vigencia del contrato. Por ello, si el hecho **causante se produce en el periodo de inactividad** la solución legal es diversa, según el tipo de situación de necesidad (contingencia) y, por lo tanto, prestación de que se trate.

Por una parte, hay una regla general clara. El art. 36.1. 7º RD 84/1996 considera los periodos de inactividad entre trabajos de temporada (periodos de inactividad) como situaciones asimiladas al alta, por lo tanto, la situación sería análoga a la que generaría cobrar un subsidio de desempleo. Pero el alcance de esta asimilación depende del régimen jurídico aplicable para cada una de las prestaciones.

---

[117] RD 84/1996, de 26 de enero (Reglamento General sobre inscripción de empresas y afiliación, altas, bajas y variaciones de datos de trabajadores en la Seguridad Social: BOE 27-2-1996, núm. 50).

Estamos, por tanto, ante una garantía parcial o **fragmentaria**, no tan general como parecería. En concreto, el alcance de esta calificación jurídica está en función de lo previsto en cada una de las normas reguladoras de cada situación de necesidad protegida (art. 36.2 RD 84/1996). Por ejemplo, los arts. 4.9 y 24.9 RD 295/2009, de 6 de marzo[118] califican los periodos de inactividad como situaciones asimiladas al alta a efectos de las prestaciones por nacimiento y cuidado de menor.

SITUACIÓN
ASIMILADA
AL ALTA

• DEPENDE DE LA CONTINGENCIA
• DEPENDE DE LA NORMA REGULADORA

Gráfico n.º 35. Fuente: elaboración propia SEC UGT.

En estas situaciones de inactividad, la mayor parte de las prestaciones carecen de previsión específica para la asimilación al alta, por lo que:

· En unos casos, **se obstaculizaría el acceso** a las prestaciones. Por ejemplo: incapacidad temporal (IT), incapacidad permanente total (IPT).
· En otros, sufrirían un grave endurecimiento del requisito de carencia para causar aquellas que permiten su devengo desde una situación de inactividad laboral. Por ejemplo: incapacidad permanente absoluta (IPA) y «gran invalidez» (GI), o prestaciones por muerte y supervivencia.

_____

[118] RD 295/2009, de 6 de marzo, por el que se regulan las prestaciones económicas del sistema de la Seguridad Social por maternidad, paternidad, riesgo durante el embarazo y riesgo durante la lactancia natural. BOE 21-3-2009, núm. 69.

c) Las personas fijas discontinuas beneficiarias del convenio especial con la Seguridad Social (art. 26 de la Orden TAS/2865/2005, 13 de octubre).

El art. 26 Orden TAS/2865/2003[119] prevé la posibilidad de que las personas trabajadoras «de temporada» (habría que entender todas las modalidades de fijeza discontinua) suscriban un convenio especial por el periodo de inactividad. En estos casos, se está ante una situación asimilable a la de alta en el Régimen General de la Seguridad Social (RGSS, y, en sistemas especiales del mismo), si acreditan ciertos requisitos y asumiendo la persona, como es lógico, el abono de las cuotas, tanto propia como empresarial, respecto de las situaciones y contingencias protegidas.

Los requisitos para la implementación del convenio especial son:

a) Que la persona trabajadora solicite el convenio especial dentro del mes natural siguiente a aquel en el que se produjo el cese de la actividad.

b) El agotamiento de la prestación económica contributiva por desempleo o el transcurso del periodo de 60 días de subsidio de desempleo de las personas trabajadoras fijas discontinuas con derecho a cotización a la Seguridad Social por contingencia de jubilación.

c) Acreditar cotizaciones, como personas trabajadoras de temporada (fijas discontinuas para otras situaciones distintas a las campañas de fijeza[120]), durante un mínimo de 3 campañas completas en los 7 años anteriores a la fecha del cese en el trabajo o a la fecha de agotamiento de la prestación por desempleo[121].

d) Ingresar, a cargo exclusivo de la persona trabajadora, el importe de las cuotas correspondientes, mientras se mantenga su vigencia (la base de cotización será la base mínima de cotización por contingencias comunes del RGSS).

---

[119] Orden TAS/2865/2003, de 13 de octubre, por la que se regula el convenio especial en el Sistema de la Seguridad Social. BOE 18-10-2003, núm. 250.

[120] STS núm. 133/2022, de 9 de febrero.

[121] Conviene aquí hacer una precisión; este requisito de 3 campañas completas no debe ser entendido como 1.095 días de cotización efectiva, sino como una permanencia en el trabajo de la campaña de que se trate durante 3 años naturales en los 7 años inmediatamente anteriores. El periodo cotizado exigido variará, pues, con la duración normal de la campaña en cada concreta actividad.

Precisamente, respecto al alcance de la acción protectora, el art. 26 de la Orden TAS/2865/2003 guarda silencio. Por tanto, debe regir la regla general contenida en el Capítulo I de la Orden, que restringe la tutela a la pensión de jubilación, a la de IP y a las prestaciones por muerte y supervivencia (todas por contingencias comunes).

Resumen de las situaciones de alta/baja de las personas fijas discontinuas en los periodos de inactividad

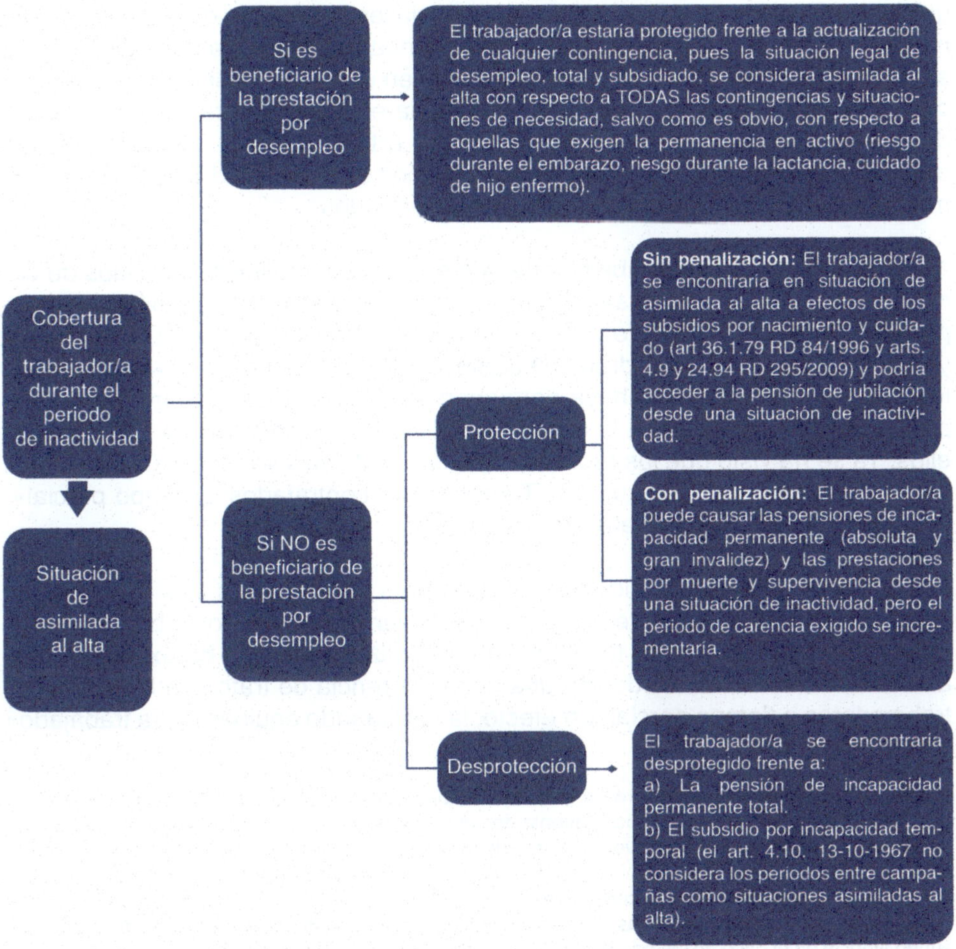

Cobertura del trabajador/a durante el periodo de inactividad

Situación de asimilada al alta

Si es beneficiario de la prestación por desempleo

El trabajador/a estaría protegido frente a la actualización de cualquier contingencia, pues la situación legal de desempleo, total y subsidiado, se considera asimilada al alta con respecto a TODAS las contingencias y situaciones de necesidad, salvo como es obvio, con respecto a aquellas que exigen la permanencia en activo (riesgo durante el embarazo, riesgo durante la lactancia, cuidado de hijo enfermo).

Si NO es beneficiario de la prestación por desempleo

Protección

Sin penalización: El trabajador/a se encontraría en situación de asimilada al alta a efectos de los subsidios por nacimiento y cuidado (art 36.1.79 RD 84/1996 y arts. 4.9 y 24.94 RD 295/2009) y podría acceder a la pensión de jubilación desde una situación de inactividad.

Con penalización: El trabajador/a puede causar las pensiones de incapacidad permanente (absoluta y gran invalidez) y las prestaciones por muerte y supervivencia desde una situación de inactividad, pero el periodo de carencia exigido se incrementaría.

Desprotección

El trabajador/a se encontraría desprotegido frente a:
a) La pensión de incapacidad permanente total.
b) El subsidio por incapacidad temporal (el art. 4.10. 13-10-1967 no considera los periodos entre campañas como situaciones asimiladas al alta).

Gráfico n.º 36. Fuente: elaboración propia SEC UGT.

El gráfico anterior expone en qué situación (asimilada al alta o baja) se encuentran estas personas trabajadoras si el hecho causante les acaece durante el periodo de inactividad.

9.2.2. Cotización al sistema: periodos de carencia

Un sistema contributivo requiere, para la gran mayoría de sus prestaciones, un periodo de cotización previa, incluso en niveles asistenciales, según muestra el acceso al subsidio de desempleo. En efecto, junto al alta o asimilación, un requisito habitual de acceso a la protección social es un periodo de carencia previo mínimo. Una persona trabajadora fija discontinua no cotiza cuando está inactiva, salvo si recibe prestación por desempleo (no en el subsidio asistencial, a excepción del subsidio para mayores de 52 años, la entidad gestora abona el 125 % de la base mínima de cotización del RGSS, art. 282 LGSS). La cotización es esencial para garantizar sus restantes derechos de Seguridad Social. Este régimen de cotización también presenta particularidades.

El art. 247 LGSS[122] establece que, a efectos de acreditar los periodos de carencia necesarios para causar el derecho a las prestaciones de jubilación, incapacidad permanente, muerte y supervivencia, incapacidad temporal y nacimiento y cuidado de menor, se tendrán en cuenta los distintos periodos durante los cuales la persona trabajadora haya permanecido en alta con un contrato a tiempo parcial, cualquiera que sea la duración de la jornada realizada en cada uno de ellos. Ya se ha visto que las reglas contenidas en la sección 1ª del Capítulo XVII del Título II de la LGSS (titulada «Trabajadores contratados a tiempo parcial») resultan aplicables al contrato fijo discontinuo.

Esta regla tiene una incidencia singular para las personas fijas discontinuas para las que, los periodos de inactividad representen un tiempo de baja en la Seguridad Social, decayendo la obligación de cotizar, como se ha explicado más arriba. Por lo tanto, se evidencia una clara diferencia de trato con las personas trabajadoras a tiempo parcial. En efecto, la ley, cuando equipara «día trabajado»

---

[122] El Acuerdo social para la mejora de la compatibilidad de la pensión de jubilación con el trabajo, para la regulación de un nuevo procedimiento de acceso a la pensión de las actividades con elevada peligrosidad y para el mayor aprovechamiento de los recursos de las mutuas con el fin de recuperar la salud de las personas trabajadoras de 31 de julio de 2024, modula ese efecto pernicioso multiplicando el periodo trabajado por el coeficiente 1,5 a efectos de acreditar los periodos de cotización necesarios para causar derecho a las prestaciones de jubilación, incapacidad permanente y muerte y supervivencia en el caso de las personas trabajadoras fijas discontinuas. No obstante, se dejan fuera de la aplicación de este coeficiente multiplicador la incapacidad temporal y nacimiento y cuidado de menor. El Acuerdo está pendiente de desarrollo normativo, por lo que, en el momento de elaboración de esta Guía, no se ha traspasado a la legislación y no se conoce la fecha de entrada en vigor.

y «día cotizado», con la consiguiente independencia de la jornada realizada de forma efectiva, ha derogado la modulación del periodo de carencia con base en el coeficiente de parcialidad y **esta derogación ha tenido un efecto pernicioso: penaliza a las personas trabajadoras fijas** discontinuas, porque en tal caso **el periodo de carencia no se vincula a la vigencia del contrato** (que sería lo lógico), **sino al concreto periodo en situación de alta.**

Es necesario hacer una precisión, que, de nuevo, evidencia las diferentes lógicas que rigen la dimensión laboral y la dimensión de Seguridad Social de una misma figura contractual. En efecto, ningún problema hay para legitimar, e incluso para augurar o promover, los «compromisos de ocupación mínima», art. 16.5 ET (garantías convencionales de estabilidad en el empleo[123]). Sin embargo, esta garantía convencional no tendrá valor alguno a los efectos de los compromisos de cotización mínima, como eventual mejora voluntaria, por cuanto la cotización sería una cuestión de orden público social. En este sentido, si bien es cierto que la autonomía privada no queda completamente extramuros de la Seguridad Social (ej. mejoras voluntarias; convenios especiales de seguridad social), no hay tampoco duda de que su regulación es esencialmente materia de orden público.

> **STS de 29 de abril de 2001, rec. 950/2000: no caben compromisos de cotización mínima.**
>
> El Convenio Colectivo Estatal de Industrias de Conservas, Semiconservas y Salazones de Pescados y Mariscos establecía, entre otras condiciones, que el llamamiento de las personas trabajadoras fijas discontinuas se realizaría de forma que todas ellas prestaran el mismo periodo útil de trabajo y *«siempre con respecto de la garantía de ciento ochenta días de cotización a que se refiere la disposición adicional primera del Convenio. Con ello, lo que está pretendiendo es, que se acepte como válido que una empresa cotice por sus trabajadores, aunque ellos no hayan trabajado ni estuvieran en situación asimilada en la que persistiera la obligación de cotizar».*
>
> El Tribunal considera que la pretensión que en el Convenio se ejercita no es compatible con los esquemas jurídicos dentro de los cuales se ha de situar la relación entre los convenios colectivos y la responsabilidad de las Entidades Gestoras en el pago de prestaciones. La Seguridad Social escapa de la autonomía privada para convertirse en materia de orden público.

---

[123] Ej. convenio colectivo del sector de la hostelería en las Islas Baleares (BOIB 22-4-2023, núm. 51): reconoce una garantía de ocupación de 6 meses al año para quienes, durante 3 años consecutivos, hayan prestado servicios en la misma empresa por tiempo igual o superior a 6 meses/año.

9.3. Principales prestaciones

9.3.1. Jubilación

La jubilación es la situación de necesidad generada por la ausencia de salario como consecuencia del cese de la actividad al alcanzar la edad establecida.

Estamos ante una pensión vitalicia[124] y variable en función de las características de cada persona (años cotizados y bases de cotización), que se concede con carácter indefinido hasta el fallecimiento del causante (salvo que la persona decida volver a trabajar.

Una persona trabajadora fija discontinua no cotiza cuando está inactiva, salvo si recibe prestación por desempleo (no el subsidio asistencial, a excepción del subsidio para mayores de 52 años para la jubilación anticipada). Por lo tanto, alcanzar el periodo de carencia es más complicado para una persona que tiene un contrato fijo discontinuo que para una que trabaja de forma indefinida[125].

Hecho causante y prestación económica

La cuantía de la pensión de jubilación se obtiene de aplicar un porcentaje a la base reguladora (BR) que corresponda, según los años cotizados.

Gráfico n.º 37. Fuente: elaboración propia SEC UGT.

---

[124] En determinados supuestos, la prestación de jubilación puede verse suspendida por dejar de concurrir las circunstancias legalmente previstas, puede ser el caso de una persona jubilada que reanuda su actividad laboral por cuenta propia o ajena.

[125] En el momento de redacción de esta Guía se está llevando a cabo una modificación del art. 247 LGSS para introducir un coeficiente del 1,5 a los periodos cotizados por las personas con contrato fijo discontinuo, lo que supondrá, por ejemplo, que cada 10 años de cotización efectiva se le consideren 15 años de cotización teórica.

> **La base reguladora de las prestaciones de jubilación de las personas con contrato fijo discontinuo se calculará conforme a la regla general.**

Los periodos entre campañas o temporadas de las personas que trabajan en la modalidad de fijos discontinuos se computarán íntegramente de conformidad con el art. 7 RD 1131/2002, de 31 de octubre[126], cuando sea a tiempo completo y proporcionalmente cuando sea a tiempo parcial. Es decir, no se considerarán lagunas de cotización las horas o días en que no se trabaje en razón a las interrupciones en la prestación de servicios derivadas del propio contrato a tiempo parcial.

FIJO DISCONTINUO A JORNADA COMPLETA	
EL PERIODO ENTRE TEMPORADAS SE INTEGRA	CON SU BASE DE COTIZACIÓN (SI NO HAY DESEMPLEO)

FIJO DISCONTINUO A JORNADA PARCIAL	
EL PERIODO ENTRE TEMPORADAS SE INTEGRA	EN LA PARTE PROPORCIONAL A LA JORNADA TRABAJADA

Gráfico n.º 38. Fuente: elaboración propia SEC UGT.

> **El porcentaje usado para el cálculo de las prestaciones de jubilación se calculará conforme a la regla general[127].**

Las cotizaciones efectuadas por la entidad gestora durante la percepción del subsidio de desempleo para mayores de 52 años también tendrán efecto para el cálculo del porcentaje aplicable a la BR en cualquiera de sus modalidades.

---

[126] Real Decreto 1131/2002, de 31 de octubre, por el que se regula la Seguridad Social de los trabajadores contratados a tiempo parcial, así como la jubilación parcial. BOE 27/11/2002, núm. 284.
[127] El Acuerdo de pensiones de 31 de julio de 2024 modificará el art. 247 LGSS introduciendo un coeficiente corrector a efectos de obtener el porcentaje aplicable a la base reguladora (pendiente de trasposición a la LGSS).

LA JUBILACIÓN PARCIAL, ART. 215 LGSS

La pensión de jubilación posee una regulación similar para las personas con contrato fijo discontinuo lo que podríamos denominar jubilación ordinaria o común. No obstante, en el caso de la jubilación parcial, hay diferencias importantes.

Con carácter general, para acceder a la jubilación parcial[128] con una edad inferior a la ordinaria se exigen una serie de requisitos, el más relevante es que se celebre un contrato de relevo[129], además:

- Acreditar 33 años cotizados, sin tener en consideración la parte proporcional de las pagas extraordinarias.

  o No computan los días cuota.
  o Sí computa: el periodo de prestación del servicio militar obligatorio o de la prestación social sustitutoria y el periodo de prestación del servicio social femenino obligatorio, con el límite de 1 año[130].

- Edad: podrá producirse hasta dos años antes de la edad ordinaria de jubilación que corresponda en función de la carrera de cotización[131].

- Estar vinculado a la empresa mediante un contrato de trabajo a tiempo completo y acreditar una antigüedad de, al menos, 6 años inmediatamente anteriores a la fecha de la jubilación parcial.

Las personas trabajadoras fijas discontinuas, en la medida en que no prestan servicios a tiempo completo, no pueden acceder a la jubilación parcial[132]. Por lo tanto, **quedan excluidas de la jubilación parcial** (anticipada).

---

[128] Las personas trabajadoras fijas discontinuas podrán formar parte del proceso de relevo gracias a la modificación derivada del Acuerdo de 31 de julio de 2024, pendiente de trasposición a la LGSS.
[129] Ver Estudio del Servicio de Estudios Confederal sobre la Jubilación ordinaria.https://servicioestudiosugt.com/servicio-informes-jubilacion-parcial/
[130] Criterio de gestión 3/2020, de 18 de febrero de 2020.
[131] El Acuerdo de 31 de julio de 2024, pendiente de trasposición a la LGSS amplia este periodo a tres años. En el momento de elaboración de esta Guía no se había realizado la modificación en el texto normativo.
[132] STS de 12 de julio de 2022, rec. 1881/2020.

Cuando estamos ante un contrato de trabajado fijo discontinuo, no se prestan servicios todos los días del año y se realiza una jornada de trabajo en cómputo anual inferior a la contemplada como ordinaria para dicha actividad. De esta forma, en el régimen jurídico de Seguridad Social, el trabajo fijo discontinuo se concibe como un contrato a tiempo parcial, aun cuando laboralmente se considere una modalidad contractual autónoma. A efectos de protección social, lo que determina la naturaleza de la relación no es el tiempo de trabajo al que se puede someter el contrato de trabajo, sino la actividad que con él se va a atender, que no comprende todas las jornadas de trabajo que existan en 1 año.

STS núm. 624/2024, de 29 de abril: la persona trabajadora fija discontinua, cuya actividad se desarrolla en fechas inciertas, habiéndose celebrado con carácter simultáneo un contrato de relevo, no puede acceder a la jubilación parcial cuando aún no ha cumplido la edad ordinaria de jubilación.

En la sentencia, se rechaza que puedan acceder a la jubilación parcial con contrato de relevo como los empleados continuos. Señala que la jubilación parcial está destinada a personas trabajadoras que atienden una actividad a tiempo completo y pasan a desempeñarla a tiempo parcial. El fijo discontinuo no tiene encaje en la jubilación parcial al no atender un trabajo a tiempo completo.

STS núm. 1272/2023, 21 de diciembre: imposibilidad de acceso a la jubilación parcial a trabajadora fija discontinua.

Una persona trabajadora fija discontinua, cuya actividad se desarrolla en fechas inciertas, no puede acceder a la jubilación parcial, vinculada a un contrato de relevo, pues, a estos efectos, su prestación previa de servicios laborales lo sería a tiempo parcial, no a tiempo completo.

Desde hace más de una década, el TS entiende que no se cumpliría el requisito del precedente art. 166.2 LGSS (hoy art. 215 TRLGSS), al prestar servicios la trabajadora a tiempo completo. STS de 25 de junio de 2012, rcud. 2881/2011, relativa a una ayudante de cocina en un centro escolar.

> **Muchas de las demandas de jubilación parcial anticipada de personas fijas discontinuas están protagonizadas por mujeres. Por lo tanto, se hace precisa una relectura en clave de género,** incluso de discriminación indirecta por razón de género. Puede **existir una colisión frontal de la regulación sobre jubilación parcial actualmente** contenida en el art. 215.2 LGSS, cuando requiere que el contrato de trabajo sea a tiempo completo, **con la normativa europea** sobre aplicación progresiva del principio de igualdad de trato entre mujeres y hombres en el ámbito de la Seguridad Social (Directiva 79/7/CEE del Consejo, de 19 de diciembre de 1978), teniendo en cuenta que la feminización del trabajo a tiempo parcial determinará que la exigencia de trabajar a tiempo completo para poder optar a la jubilación parcial tendrá un impacto desfavorable superior en las mujeres, causando una desventaja particular, discriminación indirecta.

JUBILACIÓN ANTICIPADA, ART. 207 LGSS

Para acceder a la jubilación anticipada involuntaria se exigen una serie de requisitos contenidos en el art. 207 LGSS: estar inscrito como demandante de empleo durante, al menos, 6 meses inmediatamente anteriores a la fecha de la solicitud de la jubilación.

- En caso de despido o extinción causal, acreditar el percibo de la indemnización o la interposición de demanda judicial (en reclamación de dicha indemnización o de impugnación de la decisión extintiva).
- Acreditar 33 años cotizados, sin tener en consideración la parte proporcional de las pagas extraordinarias.
  - o No computan los días cuota.
  - o Sí computa: el periodo de prestación del servicio militar obligatorio o de la prestación social sustitutoria y el periodo de prestación del servicio social femenino obligatorio, con el límite de 1 año.
- Tener cumplida una edad inferior en 4 años a la edad legal de jubilación (61-63 años o 62 y 6 meses para 2024, en función de los años cotizados).
- Cesar en el trabajo como consecuencia de una de las siguientes causas:
  - o Un despido colectivo por causas económicas, técnicas, organizativas o de producción (art.51 ET).
  - o Un despido por causas objetivas (art.52 ET).
  - o Una resolución judicial en los supuestos contemplados en la Ley concursal.

o La muerte, jubilación[133] o incapacidad del empresario individual.
o Las causas previstas en los arts. 40.1 (movilidad geográfica), 41.3 (modificación sustancial de condiciones de trabajo) y 50 ET[134] (incumplimientos del empresario).
o La voluntad de la trabajadora por ser víctima de la violencia de género.
o Por la extinción del contrato de trabajo motivada por la existencia de fuerza mayor constatada por la autoridad laboral, conforme a lo establecido en el art. 51.7 ET.

En el caso de las personas trabajadoras fijas discontinuas, a efectos del cumplimiento del plazo de 6 meses, pueden computarse los periodos de inactividad en los que se esté inscrito como demandante de empleo.

STS núm. 470/2023, de 4 julio: deben tenerse en cuenta durante la inscripción como demandante de empleo los periodos de inactividad de las personas trabajadoras fijas discontinuas.

El Tribunal Supremo determina que para el cumplimiento del requisito de encontrarse inscrito en las oficinas de empleo como demandante de empleo durante un plazo de, al menos, 6 meses inmediatamente anteriores a la fecha de la solicitud de la jubilación, no deben excluirse los periodos de inactividad de las personas trabajadoras fijas discontinuas.

«Si el actor estuvo en situación legal de desempleo durante un periodo de inactividad de su contrato de trabajo fijo discontinuo, sin solución de continuidad se extinguió la relación laboral y posteriormente solicitó la jubilación anticipada, la aplicación del tenor literal del art. 207.1.b) de la LGSS obliga a concluir que se ha cumplido la exigencia legal de encontrarse inscrito como demandante de empleo durante seis meses, siendo irrelevante que parte de dicho plazo correspondiera a un periodo de inactividad».

---

[133] El Tribunal de Justicia de la Unión Europea, en el procedimiento prejudicial asunto C-196/23, ha dictado sentencia el pasado 11 de julio, por la que resuelve que la Directiva 98/59/CE del Consejo, de 20 de julio de 1998, relativa a la aproximación de las legislaciones de los Estados miembros que se refiere a los despidos colectivos, también es aplicable en caso de jubilación del empresario.
[134] Estas casusas de extinción se introducen en el art. 207 LGSS tras la modificación de la Ley 21/2021 de 28 diciembre, con entrada en vigor desde 1-1-2022.

En el caso de la **pensión de jubilación anticipada**, se han planteado problemas en el **modo de entender cumplidos ciertos requisitos para el acceso**, por las personas fijas discontinuas. Es el caso del cómputo del periodo mínimo como demandante de empleo.

STS núm. 622/2022, 6 de julio: consideración del plazo de 6 meses de inscripción.

Resuelve a favor de una persona trabajadora fija discontinua a la que le había sido denegada una pensión de jubilación anticipada, porque la entidad gestora exigía que tal plazo de 6 meses de inscripción debía cumplirse desde el cese involuntario en la relación laboral, descartando el periodo de inactividad. El TS aplica la misma doctrina que para un ERTE y considera que *«la aplicación… literal del artículo 207.1.b) de la LGSS [exige que haya una solución de continuidad entre el inicio de la situación legal de desempleo y la solicitud de la pensión de jubilación anticipada] obliga a concluir que se ha cumplido la exigencia legal de encontrarse inscrito como demandante de empleo durante seis meses, siendo irrelevante que parte de dicho plazo correspondiera a un periodo de inactividad».*

9.3.2. Incapacidad permanente

En la modalidad contributiva, la incapacidad permanente (IP) es la situación de la persona trabajadora que, después de haber sido sometida al tratamiento prescrito, presenta reducciones anatómicas o funcionales graves, susceptibles de determinación objetiva y previsiblemente definitivas que disminuyan o anulen su capacidad laboral, art. 193 LGSS.

La contingencia de incapacidad permanente requiere el cumplimiento de unos requisitos:

- No tener la edad legal de jubilación prevista en la LGSS.
- Estar afiliadas y en alta o en situación asimilada al alta. Durante el periodo de actividad la situación es idéntica a la de cualquier persona con contrato a tiempo completo. Sin embargo, si la persona con contrato fijo discontinuo está en periodo de inactividad podemos encontrarnos ante dos situaciones:
  - o Si la persona fija discontinua está en situación legal de desempleo durante el periodo de inactividad estará en una situación asimilada al alta (arts. 165.1 LGSS y 36.1.1 RD 84/1996, de 26 de enero[135]).

---

[135] RD 84/1996, de 26 de enero (Reglamento General sobre inscripción de empresas y afiliación, altas, bajas y variaciones de datos de trabajadores en la Seguridad Social: BOE 27-2-1996, núm. 50).

o Si la persona fija discontinua no está en desempleo no cumplirá el requisito de alta o situación asimilada, por lo tanto, se obstaculiza el acceso a la prestación.

- Periodo previo de cotización, que dependerá de si la incapacidad deriva de enfermedad común o profesional[136]. El requisito de carencia para causar esta prestación desde una situación de inactividad laboral se endurece para las personas con contrato fijo discontinuo puesto que tienen más complicado cumplir este requisito.

> Se puede **devengar la pensión desde una situación de inactividad, aunque con penalización** del periodo de cotización exigido.

> Durante los periodos entre campañas, se impediría el acceso a una incapacidad permanente total, dado que no se aplica la exención del requisito del alta.

Cálculo del periodo de cotización para las personas con contrato fijo discontinuo

La redacción dada al art. 247.1 LGSS por el RDL 2/2023[137], de 16 de marzo, equiparó el trabajo a tiempo completo y el trabajo a tiempo parcial a efectos del cómputo de los periodos de carencia requeridos para el reconocimiento del derecho a prestaciones, por lo que resulta irrelevante la duración de la jornada. No obstante, la norma únicamente computa, a efectos de carencia los periodos trabajados a tiempo parcial y no los asimila para los fijos discontinuos.

Para estas personas, los periodos de inactividad representan un tiempo de baja en la Seguridad Social, decayendo la obligación de cotizar, como ya se ha explicado. Por lo tanto, se evidencia una clara diferencia de trato con las personas trabajadoras a tiempo parcial. En efecto, la ley, cuando equipara «día trabajado» y «día cotizado», con la consiguiente independencia de la jornada realizada de forma efectiva, ha derogado la modulación del periodo de carencia con base en el coeficiente de parcialidad, aplicable también a las personas fijas discontinuas

---

[136] Ver *Guía práctica de la incapacidad de la persona trabajadora y las prestaciones derivadas en el Régimen General de la Seguridad Social.* https://www.edicionescinca.com/producto/guia-practica-de-la-incapacidad-de-la-persona-trabajadora-y-las-prestaciones-derivadas-en-el-regimen-general-de-la-seguridad-social/.

[137] Real Decreto Ley 2/2023, de 16 de marzo, de medidas urgentes para la ampliación de derechos de los pensionistas, la reducción de la brecha de género y el establecimiento de un nuevo marco de sostenibilidad del sistema público de pensiones. BOE 17-3-2023, núm. 65.

a tiempo parcial. Sin embargo, tiene **un efecto perverso que penaliza a las personas trabajadoras fijas** discontinuas con carácter general, porque en tal caso **el periodo de carencia no se vincula a la vigencia del contrato** (que sería lo lógico), **sino al concreto periodo en situación de alta**[138].

Prestación económica

Al igual que en la pensión de jubilación, la prestación de IP es la cuantía resultante de aplicar un porcentaje a una base reguladora.

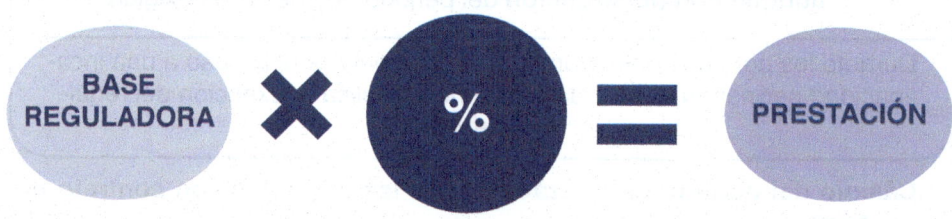

Gráfico n.º 39. Fuente: elaboración propia SEC UGT.

El RDL 2/2023 procedió a la derogación del art. 248.3 LGSS, porque la STC 155/2021, de 13 de septiembre, concluyó que se daba un trato desigual resultando discriminatorio. Ahora bien, el problema es que esta derogación, a todas luces beneficiosa, ahora vuelve a tener un efecto disfuncional para el trabajo fijo discontinuo, puesto que **penaliza a las personas fijas discontinuas que no se encuentren dadas de alta durante los periodos de inactividad.**

El cálculo de la Base Reguladora (BR) presenta notables complejidades en el sistema español, por las diferentes reglas existentes según se trate de un tipo de contingencias (común) u otras (profesional). También según las modalidades de contratación. Por eso, respecto a las personas fijas discontinuas nos encontramos con determinadas especialidades o particularidades a la hora de realizar el cálculo de la BR.

---

[138] Esta disfunción, ha sido parcialmente corregida por el Acuerdo de pensiones de 31 de julio de 2024 que modificará el art. 247 LGSS, (pendiente de trasposición a la LGSS). Se computará todo el periodo durante el cual hayan permanecido en situación de alta con un contrato fijo-discontinuo. Dicho periodo se multiplicará por un coeficiente de 1,5, sin que el número total de días computables como cotizados anualmente por la persona trabajadora pueda superar el número de días naturales de cada año.

1. Pensiones derivadas de contingencias profesionales

Desde sus orígenes, la Seguridad Social española presenta y mantiene **un tratamiento reforzado a la acción protectora por contingencias profesionales.** No solo se libera de requisitos de acceso (situación de alta y cotización), sino que incrementa la cuantía. Así, cuando la pensión deriva de un accidente de trabajo o de una enfermedad profesional, **la base reguladora se calcula sobre los salarios reales abonados a la persona trabajadora.** De forma que el módulo de referencia no es la base de cotización, sino la retribución efectivamente percibida por la persona beneficiaria.

Pues bien, para las pensiones derivadas de contingencias profesionales, en el caso de contratos de trabajo fijo-discontinuo, la BR será el que resulte de dividir, entre el número de días naturales de campaña transcurridos hasta la fecha del hecho causante, los salarios percibidos por la persona trabajadora en el mismo periodo (art. 7 RD 1131/2002). Por tanto, el periodo de cálculo no es el del último año completo, sino el transcurrido entre el día en que dio comienzo la campaña y el día en que se produjo el accidente de trabajo (STS 25-2-2008, rec. 4689/2006).

> **Los salarios percibidos en el mismo periodo /número de días naturales de campaña transcurridos hasta la fecha del hecho causante.**

2. Cálculo de la BR para las pensiones por contingencias comunes: una especial atención a la integración de lagunas

Al estar las prestaciones por contingencias profesionales liberadas del requisito de carencia (cotización previa), la cuestión de la integración de lagunas no juega, por la sencilla razón de que no hay lagunas de cotización. Ahora bien, en las prestaciones que traen causa de contingencias comunes, sobre todo en las pensiones que exigen más periodos previos de cotización, como la IP[139], sí que se dan a menudo lagunas de cotización. Si esas lagunas no son integradas (corregidas) de algún modo, la prestación será de baja cuantía. Se va a exponer **cómo opera el mecanismo de la integración de lagunas con respecto a las personas trabajadoras fijas discontinuas.**

---

[139] La pensión se calcula según los últimos 8 años de bases de cotización.

Como se ha dicho en apartados anteriores, hay situaciones en las que pueden causar baja en la Seguridad Social durante los periodos de inactividad. Estos lapsos de tiempo sí son concebidos legalmente (art. 7.2 RD 1131/2002) como lagunas de cotización en sentido estricto. Por tanto, deben integrarse con el importe correspondiente: **las primeras 48 mensualidades se integrarán con la base mínima de cotización** del RGSS que corresponda al mes respectivo, **el resto de las mensualidades se integrarán con el 50 %** de dicha base mínima (arts. 197.4 y 209.1 b) LGSS)[140].

Sin embargo, es importante reseñar que, **para las personas fijas discontinuas del sistema especial agrario, no se aplicará la integración de lagunas,** puesto que el art. 256.7 LGSS lo excluye, al exigir periodos *«realmente cotizados»*.

9.3.3. Nacimiento y cuidado de menor. Riesgo durante el embarazo y la lactancia

El nacimiento y cuidado de hijo o hija o la adopción, la guarda con fines de adopción y el acogimiento familiar, se consideran situaciones protegidas, durante 16 semanas, de las cuales serán obligatorias las 6 semanas ininterrumpidas inmediatamente posteriores al parto, que habrán de disfrutarse a jornada completa, para asegurar la protección de la salud de la madre y para dar cumplimiento de los deberes de cuidado previstos en el art. 68 CC (Código Civil[141]).

> Para las **prestaciones por nacimiento y cuidado**, la persona fija discontinua **está protegida** durante el periodo de inactividad pues se tiene como una situación asimilada a la del alta (arts. 4.9 y 24.9 RD 295/2009[142]).

---

[140] Conviene recordar que esta cuestión ha sido reformada por el RDL 2/2023, de 16 de marzo, con una clara perspectiva de género.

[141] De conformidad con el art. 2 del Real Decreto 295/2009, de 6 de marzo, por el que se regulan las prestaciones económicas del sistema de la Seguridad Social por maternidad, paternidad, riesgo durante el embarazo y riesgo durante la lactancia natural, se consideran situaciones protegidas la maternidad, la adopción y el acogimiento familiar, tanto preadoptivo como permanente o simple, de conformidad con el Código Civil o las leyes civiles de las comunidades autónomas que lo regulen y, aunque dichos acogimientos sean provisionales, durante los periodos de descanso que por tales situaciones se disfruten, de acuerdo con lo previsto en el artículo 48.4 del texto refundido de la Ley del Estatuto de los Trabajadores, aprobado por el Real Decreto legislativo 1/1995, de 24 de marzo y durante los permisos por motivos de conciliación de la vida personal, familiar y laboral, a que se refieren las letras a) y b) del artículo 49 de la Ley 7/2007, de 12 de abril, del Estatuto Básico del Empleado Público.

[142] Real Decreto 295/2009, de 6 de marzo, por el que se regulan las prestaciones económicas del sistema de la Seguridad Social por maternidad, paternidad, riesgo durante el embarazo y riesgo durante la lactancia natural

La prestación económica por nacimiento y cuidado de menor consistirá en un subsidio equivalente al 100 % de la base reguladora (BR). En el caso de las personas con contrato fijo discontinuo, se contemplan especificidades para el cálculo de la base reguladora.

En virtud del art. 248.1.b) LGSS., la base reguladora de la prestación por nacimiento y cuidado correspondiente a las personas con contrato fijo discontinuo será el resultado de dividir entre 365 la suma de las bases de cotización acreditadas en la empresa en los 12 meses naturales inmediatamente anteriores al mes previo al del hecho causante[143].

Bases cotización 12 meses naturales anteriores al hecho causante / 365

Gráfico n.º 40. Fuente: elaboración propia SEC UGT.

Para las prestaciones por riesgo durante el embarazo y durante la lactancia natural, la trabajadora fija discontinua **no se halla protegida** en el periodo de inactividad porque no se produce la incompatibilidad entre el trabajo y la situación gestante o lactante de la mujer trabajadora, salvo, claro está, que continúe cuando vuelva a ser llamada para la actividad. Por lo tanto, la singularidad más destacable es que el derecho al subsidio se suspende durante los periodos entre campañas, en tanto no se produzca el nuevo llamamiento.

---

[143] Regulación introducida por el art. único.27 RDL 2/2023, de 16 de marzo.

9.3.4. Incapacidad temporal

La Incapacidad Temporal (IT) es la situación en la que se encuentran las personas trabajadoras impedidas temporalmente para trabajar debido a enfermedad común o profesional y accidente, sea o no de trabajo, mientras reciban asistencia sanitaria de la Seguridad Social, art. 169 LGSS.

Uno de los requisitos para tener derecho a la prestación por IT, consiste en encontrarse en alta o situación asimilada al alta en la fecha del hecho causante (esto es, en la fecha de la baja médica).

El problema es que las personas fijas discontinuas causan baja en la Seguridad Social durante los periodos de inactividad, decayendo la obligación empresarial de cotizar hasta la siguiente temporada.

De conformidad con el art. 36.1.7. RD 84/1996, los periodos de inactividad entre trabajos de temporada se consideran como situaciones asimiladas al alta, sin embargo, el verdadero alcance de esta calificación está en función de lo previsto en las normas reguladoras de cada una de las situaciones de necesidad protegidas por nuestro sistema de Seguridad Social (art. 36.2 RD 84/1996).

Con respecto a la prestación por incapacidad temporal, el art. 4.1 de la Orden de octubre de 1967[144], no prevé los periodos entre campañas como situación asimilada al alta. En consecuencia, en el momento de la baja médica durante un periodo de inactividad, la persona fija discontinua no se encontraría ni en alta, ni en situación asimilada al alta a efectos del subsidio por incapacidad temporal. Por lo tanto, afrontan aquí un **riesgo de desprotección**, incluso si han suscrito un convenio especial con la Seguridad Social. En sentido contrario, los periodos de reincorporación al trabajo de las personas trabajadoras fijas discontinuas, si procediera su llamamiento por antigüedad y estuvieran en IT, se consideran situaciones asimiladas a la de alta.

---

[144] Orden de 13 de octubre de 1967 por la que se establecen normas para la aplicación y desarrollo de la prestación por incapacidad laboral transitoria en el Régimen general de la Seguridad Social. BOE 4-11-1967, núm. 2649.

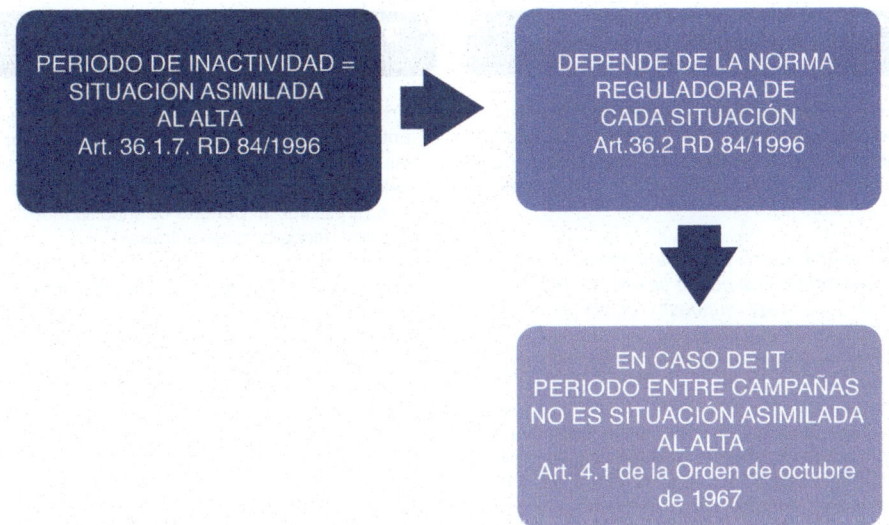

Gráfico n.º 41. Fuente: elaboración propia SEC UGT.

No hay una respuesta precisa o consolidada en la doctrina jurisprudencial como se observa en el siguiente cuadro. Solo hay algunos casos aislados que han recibido respuestas dispares por la doctrina judicial, lo que ocasiona cierto desequilibrio, por el riesgo de una solución desigual según el territorio en el que se viva e inseguridad jurídica. Dos posiciones se constatan para corregir esta laguna de protección:

TSJ de las Islas Baleares, de 3 de mayo de 1995, AS 1781	STSJ de Murcia, de 30 de diciembre de 1993, rec. 857/1993
En una interpretación humanizadora entiende aplicable como regla general la de considerar el periodo entre campañas como situación asimilada al alta a efectos de devengar el subsidio por IT. El Tribunal juzgó que la ausencia de previsión expresa *«no puede llevar a la descalificación de este supuesto como situación asimilada al alta, pues ello traería consigo la generalización de situaciones de desprotección…»*. En este supuesto, la persona fija discontinua acreditaría el requisito general exigido en el art. 165.1 LGSS, al que se remite el art. 172 del mismo cuerpo legal, y percibiría el subsidio desde el propio hecho causante de la prestación (desde la baja médica).	En una interpretación más severa y legalista, entiende que el derecho al subsidio de IT por las personas trabajadoras fijas discontinuas solo lo percibirán a partir del momento en que, finalizado el periodo de inactividad, no pueden reincorporarse al trabajo. Esta corriente para la fijeza discontinua genera lagunas de protección social. La regulación actual hace de la ausencia de alta en el momento del hecho causante un problema grave de accesibilidad a la protección social.

Conviene detenerse un poco en esta última situación, por su importancia en sí y por su frecuencia práctica. En efecto, el acceso a la IT se complica si no se está en una situación de asimilada al alta (prestación por desempleo, del nivel contributivo o asistencial), incluso si se suscribe convenio especial. Ahora bien, si conforme al orden convencional de llamamiento, la persona se incluye en el grupo que debe reanudar su trabajo, la empresa tiene la obligación de efectuar el llamamiento y darle de alta en la Seguridad Social. Como es lógico, en la práctica, no habrá reincorporación efectiva, por encontrarse en situación de IT, pero debe ser llamada la persona trabajadora fija discontinua y dada de alta, ineludiblemente. La jurisprudencia social es inequívoca al respecto, de modo que si no fuese llamada estaríamos ante un despido improcedente que, al deberse hallar en situación de IT podría devenir, de aplicar la Ley 15/2022[145], en nulo con causa de discriminación por enfermedad.

---

[145] Ley 15/2022, de 12 de julio, integral para la igualdad de trato y la no discriminación. BOE 13/07/2022, núm. 167.

STS núm. 53/2022, de 20 de enero: obligatoriedad de efectuar el llamamiento a las personas empleadas fijas discontinuas y consecuencia de no hacer el llamamiento.

El Tribunal reconoce que es obligatorio efectuar el llamamiento a las personas empleadas fijas discontinuas, aun en situación de IT, refrendando la doctrina de la STS de 14 de julio de 2016 (RCUD 3254/20165), aunque ello suponga tener que contratar a otra persona interinamente (sustitución). La reincorporación de modo efectivo sólo se producirá a partir del alta médica.

Como ya se ha expuesto en el apartado 5 de esta Guía, la consecuencia de no hacer el llamamiento podrá ser ejercitar la acción de despido desde ese momento, comenzando desde ese día el cómputo del plazo de caducidad del despido. Aunque, conviene recordarlo, conforme a la nueva redacción dada al art. 16 ET, sería posible ejercer la acción de cumplimiento del llamamiento, sin ser la de despido propiamente. Para ello remitimos al comentario realizado en la parte laboral de la Guía[146].

En estos supuestos, **el efecto suspensivo** contractual de las obligaciones de trabajar y remunerar el trabajo **no extingue**:

(i) **Ni los deberes de cotizar**.
(ii) **Ni los deberes de colaboración** en la gestión de la Seguridad Social (ej. pago delegado de la prestación por IT)[147].

Eso sí, **la obligación de abono de la prestación sólo podrá imponerse con respecto a la prestación devengada**, sin contemplar efectos retroactivos, pues no hay obligación de pago del subsidio en un tiempo en el que el derecho no llegó a nacer, al no encontrarse de alta. Por tanto, la regulación provoca una situación muy perversa para la persona trabajadora fija discontinua.

---

[146] Por ejemplo, la STS 24 de abril de 2012 no consideró despido la falta de llamamiento, sin perjuicio de que las personas trabajadoras puedan reclamar el salario que les corresponde en caso de que el convenio recoja un mínimo de meses que deban estar contratados.
[147] Conviene recordar que en el sistema especial agrario (ámbito típico de fijeza discontinua) se excluye el pago delegado, debiéndose pagar directamente por la entidad gestora (o colaboradora), salvo que se esté cobrando la prestación contributiva por desempleo y pasen a IT, art. 283 LGSS.

De un lado, no podría incorporarse efectivamente a la actividad porque se encuentra en situación de IT. Pero, como previamente no estaba de alta (cuando así suceda, como se ha explicado), no tendrá derecho a ninguna renta: ni retributiva, pues no trabaja (no recibe salario), ni social, porque su alta es posterior al hecho causante (no recibiría la prestación).

La prestación económica por IT, consiste en un subsidio equivalente a un tanto por ciento sobre la base reguladora (BR) variable en virtud del tiempo de permanencia y de la contingencia (enfermedad común o accidente de trabajo o enfermedad profesional).

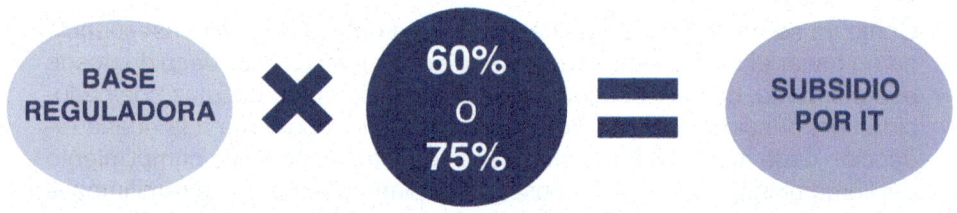

Gráfico n.º 42. Fuente: elaboración propia SEC UGT.

Por lo que respecta al subsidio por IT, la base reguladora diaria correspondiente a las personas con contrato fijo discontinuo es el resultado (cociente) de la siguiente división: **la suma** resultante de las **bases de cotización** acreditadas durante su alta, a consecuencia del inicio de la prestación de servicios motivado por el último llamamiento, con un máximo de 3 meses inmediatamente anteriores al del hecho causante (dividendo) **dividida** entre el número de **días naturales comprendidos en dicho periodo** (divisor). Así lo prevé el art. 248.1.c) LGSS, en la redacción dada por el RDL 2/2023. La prestación deberá ser **abonada durante todos los días naturales en que la persona beneficiaria se encuentre en situación de IT.**

> **BASE REGULADORA: bases de cotización** acreditadas durante su alta (máximo 3 meses) / número de **días naturales comprendidos en dicho periodo.**
> **Por ejemplo: base cotización de 1.500 € / mes y 60 días de alta**
> **BR: 3.000/60 = 50 € día**

El cambio es significativo y, en este caso, mejora notablemente la protección del colectivo de personas fijas discontinuas. Inicialmente, la base reguladora de esta prestación se calculaba dividiendo la suma de las bases de cotización acreditadas en la empresa durante los 3 meses inmediatamente anteriores a la fecha del hecho causante *entre el número de días efectivamente trabajados* y, por tanto, cotizados en dicho periodo (art. 4.1 RD 1131/2002). Y la prestación se abonaba únicamente durante los días contratados como de trabajo efectivo en los que la persona trabajadora permanecía en situación de IT. Pues bien, en interpretación de dicho precepto, el TS entendió que debían computarse las cotizaciones efectuadas por la empresa y las efectuadas por la entidad gestora durante el percibo de la prestación por desempleo.

> **STS de 22 de julio de 2014, rec. 2109/2013: determinación de base reguladora en persona trabajadora con contrato fijo discontinuo.**
>
> La cuestión litigiosa se centra en determinar la forma de cálculo de la base reguladora en un supuesto de IT, siendo la persona trabajadora fija discontinua que presta servicios y percibe prestaciones por desempleo, y el pago de la prestación es asumido por la Mutua. Se cuestiona si deben computarse las cotizaciones efectuadas por la empresa en periodos de tiempo trabajados o también las cotizaciones efectuadas por la entidad que abona las prestaciones por desempleo durante los periodos de inactividad.
>
> Reseña la Sentencia que tratándose de *«un trabajador fijo discontinuo»* (equiparado ha contratado a tiempo parcial según el preámbulo del RD. 1131/2002) no pueden entenderse excluidas en el presente caso las cotizaciones efectuadas por el propio Instituto Nacional de Empleo, toda vez que el art. 214.1 LGSS determina que la entidad gestora ingresará las cotizaciones a la Seguridad Social, asumiendo la aportación empresarial.

La STS núm. 583/2023, de 29 de septiembre, ha vuelto a retomar este asunto, pero no entró en el fondo por falta de contradicción, porque la sentencia recurrida y la de contraste aplicaron normas distintas (una la originaria, comentada, otra la nueva, reformada por la Disposición final 3.ª Ley 34/2014[148]).

---

[148] Ley 36/2014, de 26 de diciembre, de Presupuestos Generales del Estado para el año 2015. BOE 30-12-2014, núm. 315.

En cuanto al abono de la prestación:

•Durante los periodos de trabajo: opera el pago delegado.

•Durante los periodos entre inactividad: el subsidio se cobra en régimen de pago directo por parte de la entidad gestora o de la entidad colaboradora.

En el supuesto de que existan mejoras voluntarias de la Seguridad Social, la obligación de su abono durante los periodos de inactividad dependerá de lo que establezca la NC.

Ejemplo: art.41 del convenio colectivo para las industrias de turrones y mazapanes. La duración de las prestaciones establecidas en los párrafos anteriores en el caso de trabajadores/as fijos discontinuos y temporales, quedará limitada a la suspensión o a la duración del contrato en caso de que sea de duración determinada, o hasta la fecha de su cese.

9.3.5. Prestación de desempleo

En origen, la protección por desempleo de las personas trabajadoras fijas discontinuas únicamente alcanzaba a los supuestos de extinción del contrato o expediente de regulación temporal de empleo (ERTE) durante la propia campaña. A día de hoy, sí tienen derecho a la protección durante los periodos de inactividad como se verá más adelante.

De conformidad con el art. 262.1 LGSS, la contingencia de desempleo se define como aquella situación en que se encuentren quienes, pudiendo y queriendo trabajar, pierdan su empleo o vean suspendido su contrato o reducida su jornada ordinaria de trabajo, en los términos previstos en el art. 267 LGSS.

El art. 267.1.d) LGSS establece: «Se encontrarán en situación legal de desempleo los trabajadores que estén incluidos en alguno de los siguientes supuestos: (…)

d) Durante los periodos de inactividad productiva de los trabajadores fijos-discontinuos».

Cuando la persona trabajadora reúne el periodo de carencia que se exige para devengar la prestación por desempleo (o para acceder al subsidio de nivel asistencial), **durante el periodo de inactividad se halla en una situación asimilada al alta** (arts. 165.1 LGSS y 36.1.1 RD 84/1996, de 26 de enero[149]). Por lo tanto, queda cubierta ante la actualización de cualquier tipo de contingencia.

Esta regla general de asimilación al alta puede encontrar salvedades en aquellas prestaciones que exijan la permanencia en activo (p. ej., prestación de riesgo durante el embarazo y la lactancia natural; prestación para el de cuidado de hijos/as con cáncer u otra enfermedad grave).

Analizado ya el requisito de asimilación al alta, el requisito de carencia a efectos de determinar el periodo de ocupación cotizada debe fijarse excluyendo del cómputo «los periodos de inactividad productiva» (art. 3.4 RD 625/1985[150]). Sin embargo, cuando las cotizaciones acreditadas correspondan a trabajos a tiempo parcial realizados al amparo del art. 12 ET, se computará el periodo durante el que la persona trabajadora haya permanecido en alta con independencia de que se hayan trabajado todos los días laborales o solo parte, cualquiera que sea su duración.

La contingencia de desempleo protege a las personas que, pudiendo y queriendo trabajar, pierdan su empleo o vean suspendido su contrato o reducida su jornada ordinaria de trabajo. El art. 268 LGSS, establece que el derecho a la prestación nace a partir de que se produzca la situación legal de desempleo, con la siguiente salvedad:

• Si la solicitud se produce transcurridos dichos 15 días, el derecho a la prestación nace a partir de la fecha de la solicitud, perdiendo tantos días de prestación como medien entre la fecha en que hubiera tenido lugar el nacimiento del derecho de haberse solicitado en tiempo y forma y aquella en que efectivamente se hubiese formulado la solicitud.

---

[149] RD 84/1996, de 26 de enero (Reglamento General sobre inscripción de empresas y afiliación, altas, bajas y variaciones de datos de trabajadores en la Seguridad Social: BOE 27-2-1996, núm. 50).
[150] Real Decreto 625/1985, de 2 de abril, por el que se desarrolla la Ley 31/1984, de 2 de agosto, de Protección por Desempleo. BOE 07/05/1985, núm. 109.

STS núm. 392/2018, de 12 de abril: determinación de la fecha de inicio de disfrute de la prestación de desempleo para trabajadores/as fijos discontinuos.

En esta sentencia, se cuestiona si las personas trabajadoras fijas discontinuas encuadradas en el sistema especial de frutas y hortalizas e industrias de conservas vegetales tienen derecho a percibir la prestación por desempleo desde el día siguiente a la fecha del cese en la empresa o deben esperar a que transcurra el periodo de cotización no trabajado correspondiente a vacaciones anuales retribuidas y no disfrutadas.

El Tribunal cita el art. 209.3 LGSS disponiendo que *«en el caso de que el periodo que corresponde a las vacaciones anuales retribuidas no haya sido disfrutado con anterioridad a la finalización de la relación laboral, o con anterioridad a la finalización de la actividad de temporada o campaña de los trabajadores fijos discontinuos, la situación legal de desempleo y el nacimiento del derecho a las prestaciones se producirá una vez transcurrido dicho periodo, siempre que se solicite dentro del plazo de los quince días siguientes a la finalización del mismo».*

Periodo de actividad e inactividad:

En origen, los periodos de inactividad no se consideraban situación legal de desempleo, lo que generaba una situación de desigualdad con respecto a las personas trabajadoras temporales. Actualmente, el trabajador/a fijo discontinuo estará en situación legal de desempleo *«durante los periodos de inactividad productiva».*

En los casos en los que estas personas trabajadoras no tienen derecho a esa protección por desempleo, hay que tener en cuenta que no regiría la misma obligación de mantenimiento en alta (o asimilada). Por tanto, se producirá la baja en el sistema de la Seguridad Social durante los periodos de inactividad, decayendo la obligación empresarial de cotizar hasta el nuevo llamamiento. De esta manera, se produce una laguna de protección social, pues el vínculo contractual continúa (la relación es indefinida y hay derecho a ser llamado/a), pero no la relación de seguridad social (no hay ni alta, ni cotización).

Los arts. 4.9 y 24.9 RD 295/2009, de 6 de marzo[151], califican los periodos de inactividad como situaciones asimiladas al alta a efectos de las prestaciones por nacimiento y cuidado. No obstante, el concreto alcance de esta calificación jurídica está en función de lo previsto en cada una de las normas reguladoras de cada situación de necesidad protegida (art. 36.2 RD 84/1996).

> **STS núm. 469/2023, de 4 julio: derecho de una persona trabajadora fija discontinua a la pensión de jubilación anticipada al llevar inscrito como demandante de empleo más de 6 meses (parte de dicho tiempo corresponde a un periodo de inactividad).**
>
> El TS considera que se cumple el requisito de encontrarse inscrito en las oficinas de empleo como demandante de empleo durante un plazo de, al menos, 6 meses inmediatamente anteriores a la fecha de la solicitud de la jubilación, ya que no deben excluirse los periodos de inactividad de los trabajadores/as fijos discontinuos.
>
> De manera que dado que el actor estuvo en situación legal de desempleo durante un periodo de inactividad de su contrato de trabajo fijo discontinuo y sin solución de continuidad se extinguió la relación laboral, solicitando posteriormente la jubilación anticipada, la aplicación del tenor literal del art. 207.1.b) TRLGSS obliga a reconocer que *«se ha cumplido la exigencia legal de encontrarse inscrito como demandante de empleo durante seis meses, siendo irrelevante que parte de dicho plazo correspondiera a un periodo de inactividad»*.

Por lo que respecta a las personas trabajadoras fijas discontinuas, a efectos de calcular la cuantía de la prestación por desempleo, no procede la aplicación de ningún correctivo en función de la jornada anual realizada. En la medida en que la jornada diaria, semanal o mensual no sea también inferior a la habitual, rigen las reglas aplicables a las personas trabajadoras a tiempo completo. En consecuencia, la base reguladora de la prestación se calcula conforme a las bases de cotización correspondientes al periodo de actividad y no se reducen en proporción a la jornada realizada.

---

[151] RD 295/2009, de 6 de marzo, por el que se regulan las prestaciones económicas del sistema de la Seguridad Social por maternidad, paternidad, riesgo durante el embarazo y riesgo durante la lactancia natural. BOE 21-3-2009, núm. 69.

Sin embargo, en el caso de las personas trabajadoras a tiempo parcial verti-cales[152], las cuantías mínimas y máximas se modulan teniendo en cuenta el IPREM en función del promedio de las horas trabajadas durante el periodo de los últimos 180 días. De este modo, se ponderan los días trabajados a tiempo completo y a tiempo parcial durante dicho periodo (art. 270.3 LGSS[153]).

La cuantía de la prestación por desempleo se obtiene de aplicar un porcentaje a la base reguladora (BR) que corresponda (art. 270 LGSS).

Gráfico n.º 43. Fuente: elaboración propia SEC UGT.

Respecto al **régimen de cotización**, a las personas fijas discontinuas se les aplica el tipo reducido de cotización al desempleo, frente al agravado previsto para el contrato temporal[154].

Dinámica de la prestación:

Durante los periodos de inactividad, las personas con contratos fijos discon-tinuos causan baja en la Seguridad Social, lo que puede provocar periodos de desprotección a efectos de prestaciones. Tal y como se regula en el art. 36.1. 7.º RD 84/1996, estos trabajadores/as fijos discontinuos se consideran en situación asimilada al alta durante los periodos entre campañas. No obstante, como ya se ha mencionado, el alcance de esta asimilación depende del concreto régimen ju-rídico de cada una de las prestaciones.

---

[152] Son aquellas que desempeñan una jornada inferior a la de un trabajador/a a tiempo completo com-parable; se trabajan todas las horas, pero sólo durante unos días a la semana, o durante unas se-manas al mes, o durante unos meses al año.

[153] ARAGÓN GÓMEZ, C.: «El contrato fijo discontinuo y la Seguridad Social», *op. cit.*, pág. 37.

[154] Para el año 2024 es del 8,30 %: 6,70 % a cargo del empresario, 1,60 %, a cargo de la persona trabajadora (art. 31.2 Orden PJC/51/2024, de 29 de enero, por la que se desarrollan las normas le-gales de cotización a la Seguridad Social, desempleo, protección por cese de actividad, Fondo de Garantía Salarial y formación profesional para el ejercicio 2024, BOE 30-1-2024, núm. 26).

En el caso de la prestación de desempleo, con carácter general, las personas trabajadoras fijas discontinuas pueden cobrarla cuando dejan de trabajar, en los periodos de inactividad productiva entre campañas.

A estos efectos, se debe tener en cuenta que:

- Si tras el llamamiento, la persona trabajadora fija discontinua se reincorpora al trabajo, la prestación por desempleo se suspende o se extingue en aplicación de las reglas generales contenidas en los arts. 269.3, 271.1.d), 272.c) y 279 LGSS (con las modificaciones introducidas por el citado RD Ley 2/2024, 21 de mayo).
- Si tras el llamamiento, la persona trabajadora fija discontinua no se reincorpora al trabajo sin justificación, la prestación por desempleo se extingue. En tal caso, la empresa debería tramitar un alta y una baja con efectos del mismo día, con el objetivo de modificar la clave de: situación de «inactividad de un fijo discontinuo» (clave 94) a situación de «baja voluntaria» (clave 51)[155].

El periodo al que se refiere la ley (*«igual o superior a doce meses»* ex art. 269.3 LGSS: reanudación o nuevo derecho), no tiene que ser necesariamente de forma ininterrumpida. Es decir, para devengar una nueva prestación lo relevante es que se haya cotizado más de 12 meses, con independencia de que ninguno de los periodos trabajados alcance ese tiempo de forma individualizada.

Al respecto, conviene tener en cuenta la modificación del art. 269.3 LGSS por el RD Ley 2/2024, de 21 de mayo. Tras la reforma, se prevé que cuando el derecho a la prestación se extinga por realizar el titular uno *«o varios trabajos de duración acumulada»* (antes de la reforma se hablaba solo de un trabajo) igual o superior a 12 meses, sin reanudar entre ellos la prestación por desempleo, podrá optar, en el caso de que se le reconozca una nueva prestación, entre:

- Reabrir el derecho inicial por el periodo que le restaba y las bases y tipos que le correspondían.
- Percibir la prestación generada por las nuevas cotizaciones efectuadas.

---

[155] ARAGÓN GÓMEZ, C.: «El contrato fijo discontinuo tras el RD Ley 32/2021». *Lefebvre*, pág. 86.

STS núm. 853/2009, de 28 de enero: derecho a una nueva prestación por realización de 12 meses de trabajo, pese a no haber agotado la prestación ya reconocida.

En esta sentencia se discute si tiene derecho a un nuevo periodo de prestación por desempleo una persona trabajadora que, durante la percepción de la prestación correspondiente, vio interrumpido temporalmente su percibo debido a la realización de diversos trabajos, ninguno de los cuales llegó a 12 meses continuados de duración, si bien la suma de todos ellos arroja un total superior a ese periodo.

La Sala, considera, aplicando por extensión jurisprudencia existente en relación con las personas trabajadoras fijas discontinuas, que tiene derecho a una nueva prestación, ya que para generar esta solo es necesario acumular un periodo de trabajo de 12 meses de duración, pudiendo elegir, ante una nueva situación legal de desempleo, entre generar la nueva prestación o reabrir la anterior, si esta no se hubiera agotado con anterioridad.

Por tanto, se reconoce que las personas fijas discontinuas, en tales casos, pueden alternar trabajo y prestación con mayor flexibilidad que el resto de las personas empleadas. Aunque no extinga el derecho a la prestación previa, la entidad gestora acepta que pueda optar por reanudar el derecho a prestación anterior o percibir una nueva, siempre que acredite nuevos periodos de ocupación cotizados de al menos 360 días, así como el cumplimiento de los requisitos exigidos.

Cuando se opte por reanudar el derecho suspendido, las cotizaciones tenidas en cuenta para la prestación por la que no hubiera optado sí se computarían para el reconocimiento de un derecho posterior, contributivo o asistencial.

Salvo por causa justificada, la no reincorporación de la persona trabajadora cuando sea llamada al reinicio de la actividad no se considera causa de extinción de la prestación por desempleo, sino que es causa de suspensión de conformidad con el art. 271.1. l) LGSS[156].

---

[156] Redacción dada por el Real Decreto Ley 2/2024, de 21 de mayo: «Cuando los trabajadores fijos-discontinuos que sean llamados a reiniciar su actividad no se reincorporen a su puesto de trabajo, salvo causa justificada». https://www.sepe.es/HomeSepe/Personas/distributiva-prestaciones/FAQS/requisitos-acceso-prestaciones/cobrar-prestacion-trabajador-fijo-discontinuo.html#:~:text=Si%20percibes%20la%20prestaci%C3%B3n%20por,haber%20accedido%20a%20la%20prestaci%C3%B3n.

Tal y como se ha expuesto previamente, **tras el llamamiento debido, la persona trabajadora tiene que reincorporarse** y la empresa está obligada a llamar a la persona fija discontinua. La persona trabajadora tiene que estar disponible y posibilitar el cumplimiento de dicha obligación empresarial, o justificar la no incorporación a fin de que sea convenientemente sustituido, en su caso. Antes de la reforma legal, incluso se llegó a considerar que, de faltar la incorporación sin justificarlo, causaría una baja voluntaria, con el consiguiente efecto de desprotección, por perder la situación legal de desempleo, conforme al art. 267.2.a) LGSS. Se interpretaba, con base en el art. 6.5 RD 625/1985, que la falta injustificada de presentación de la persona trabajadora, cuando era llamada al reinicio de la actividad, era causa de extinción de la prestación por desempleo.

En todo caso, se exigía una voluntad inequívoca de no reincorporación futura. Ciertos convenios, con dudosa legalidad, presumen que, en tales casos, la situación resultante sería la de baja voluntaria.

Ejemplo. El *convenio estatal de empresas de seguridad para el periodo 2023-2026,* considera —sin ningún tipo de excepción o salvedad— que si la persona trabajadora no se incorpora a su puesto:

«causa baja en la empresa por dimisión voluntaria, quedando extinguido su contrato de trabajo y, consecuentemente, su relación laboral con la empresa».

Sin embargo, otros convenios colectivos formulan una regulación diferente, en todo caso más garantista. Lo que confirma el valor de la negociación colectiva, que puede marcar diferencias notorias de protección.

Ejemplo. Según el convenio colectivo nacional de perfumería y afines, el contrato fijo-discontinuo no queda extinguido por falta de incorporación, tras el llamamiento realizado en tiempo y forma, si se alegase de manera debidamente acreditada, hasta un máximo de dos ocasiones en cada año, las siguientes causas:

- Estar cursando estudios en virtud de los cuales se obtenga una titulación de carácter oficial.
- Encontrarse al cuidado de menor de 12 años o persona dependiente.
- Estar trabajando en otra empresa.

> **Ejemplo**. En esta misma dirección de reforzamiento de garantías, **el convenio para las industrias de turrones y mazapanes**, las personas trabajadoras que acreditasen estar en alta en otra empresa podrán renunciar hasta, como máximo, una vez cada 3 años al llamamiento, sin perder su condición de fijo discontinuo en la empresa.

Esta garantía convencional de estabilidad fomenta el derecho a la búsqueda de mejores oportunidades de empleo de las personas fijas discontinuas, sin por ello alterar su posición respecto a la contratación originaria. Por tanto, se está ante una manifestación de la protección del pluriempleo que se produciría en este caso y que la Directiva (UE) 2019/1152 del Parlamento Europeo y del Consejo, de 20 de junio, relativa a unas condiciones laborales transparentes y previsibles en la Unión Europea quiere reforzar en su protección (pendiente de su transposición).

El empresario deberá remitir a la correspondiente Oficina de Empleo relación nominal de las personas trabajadoras fijas discontinuas que sean llamadas al trabajo, con indicación de las fechas de reincorporación (art. 6.5 RD 625/1985).

A modo de resumen:

INACTIVIDAD

- Se considera situación legal de desempleo.
- Durante la percepción de la prestación, se cotiza a la Seguridad Social.
- El importe de la cuota patronal es asumido por la entidad gestora.
- La cotización no comprende las contingencias profesionales, el desempleo, el FOGASA y la formación profesional.
- Con carácter general, resulta aplicable la compatibilidad entre el percibo de la prestación y el trabajo a tiempo parcial. Siempre que se solicite la compatibilidad (art. 282 LGSS). Sin embargo, en el caso de las personas fijas discontinuas, si se percibe la prestación por desempleo, una vez reiniciada la actividad, si se trabaja a tiempo parcial, no se puede compatibilizar la prestación y el trabajo a tiempo parcial, cuando esta misma relación laboral fuese determinante para haber accedido a la prestación. En tal caso, la prestación se suspenderá.
- En el supuesto de que la prestación se hubiese extinguido, el trabajador/a puede elegir entre:
  - Percibir la prestación que se haya originado por las nuevas cotizaciones desde que se suspendió la prestación anterior.
  - Continuar con el cobro de la prestación antigua (por el periodo que le restase y las bases, porcentaje y topes que les correspondían).

ACTIVIDAD

La prestación por desempleo:

- Se extingue: si la duración de la actividad es igual o superior a 12 meses.

- Se suspende: si la duración de la actividad es inferior a 12 meses.

Gráfico n.º 44. Fuente: elaboración propia SEC UGT.

Los arts. 271 y 272 LGSS, regulan los supuestos de suspensión, reanudación y extinción de la prestación de desempleo. En el caso de las personas trabajadoras fijas discontinuas que sean llamadas a reiniciar su actividad no se reincorporen a su puesto de trabajo la prestación se suspenderá, salvo causa justificada.

9.3.6. Subsidio de desempleo

Se han implementado varias reformas legales con el objetivo de mejorar intensidad protectora social derivada de esta cobertura. En primer lugar, la Disposición final 6.ª RD Ley 3/2022[157], derogó el apartado 4.º del art. 277 y los apartados 2.º y 3.º del art. 280 LGSS, con la finalidad de **garantizar a las personas fijas discontinuas el acceso a los subsidios por desempleo en las mismas condiciones que las demás personas trabajadoras**. Se da así cumplimiento a la Disposición final 6.ª del RD Ley 32/2021 para subsanar la contradicción evidente entre el impulso de las relaciones laborales de carácter indefinido y, en particular, del contrato fijo discontinuo y el déficit de protección asistencial por desempleo que padecía dicho colectivo[158].

El impacto de esta mejora se produjo sobre todo en el acceso al «subsidio de prejubilación» (personas mayores de 52 años), que antes tenían vetado, por lo que ahora se construye un puente entre la situación de desempleo y la jubilación, ante las dificultades de ocupación de las personas de más edad. Si bien, con la reforma introducida por el RD Ley 2/2024, de 21 de mayo, se ha exigido al Gobierno un plan específico financiado adecuadamente para promover el empleo en este colectivo, golpeado por el desempleo de larga duración[159].

La reforma operada con ocasión del Acuerdo para la simplificación y mejora del nivel asistencial de protección por desempleo, de 8 de mayo de 2024, formalizado por el citado RD Ley 2/2024, 21 de mayo, también mejora de la protección (cobertura y cuantía[160]) por desempleo asistencial a las personas trabajadoras fijas discontinuas (al igual que ocurrirá, en su caso, con los subsidios contributivos o prestaciones de desempleo), art. 278 LGSS.

9.3.7. Relación de la prestación por desempleo e incapacidad temporal

El art. 283 LGSS regula las diferentes situaciones que pueden darse cuando una persona trabajadora está en situación de IT y se extingue el contrato laboral pasando a la situación de desempleo. Esto es, si durante una baja por IT, finaliza el contrato de trabajo, qué prestación recibe la persona trabajadora y qué podrá variar en función de la contingencia que haya originado la baja.

---

[157] Real Decreto Ley 3/2022, *de 1 de marzo. BOE 2-3-2022,* núm. 52.
[158] ARAGÓN GÓMEZ, C.: «El contrato fijo discontinuo tras el…», *op. cit.*, pág. 91.
[159] Disposición adicional segunda. Evaluación de la reforma del sistema asistencial de desempleo.
[160] Del 80 % del IPREM se pasará, a partir del 1 de noviembre de 2024, al 95 % durante los 180 primeros días y al 90 % desde el día 181 al 360.

El RDL 2/2024, introduce una regla orientada a la asimilación de la situación de fijeza discontinua a las relaciones indefinidas en esta rama de protección. A tal fin, añade un nuevo apartado 3 al art. 283 LGSS, para aplicar el régimen común a las personas fijas discontinuas. Este nuevo apartado[161] hace extensible a las personas trabajadoras fijas discontinuas, durante los periodos de inactividad, el régimen previsto para los supuestos de superposición de situaciones de percibo de la prestación social por desempleo e IT.

Las diferentes interacciones entre la comentada prestación por desempleo y el subsidio por IT serían básicamente:

a) Tránsito al desempleo desde una situación de incapacidad temporal

Hay que distinguir atendiendo a la causa de la que deriva la situación de IT:

- Derivada de contingencias profesionales

En este caso, cuando la persona se halle en situación de IT profesional y, durante la misma, cese en su contrato, **seguirá percibiendo la prestación por IT, en cuantía igual a la ya reconocida**, hasta que se extinga dicha situación. En ese momento, pasará, en su caso, a la situación legal de desempleo en el supuesto de que la extinción se haya producido por alguna de las causas previstas en el art. 267.1 LGSS, y a percibir prestación por desempleo, si reúne los requisitos necesarios, **sin que proceda descontar del periodo de percepción el tiempo que hubiera permanecido en situación de IT** tras la extinción del contrato, o el subsidio por desempleo.

- Derivada de contingencias comunes

Sin embargo, cuando la persona trabajadora se encuentre en IT por contingencia común y, durante la misma, se extinga su contrato, **seguirá percibiendo la prestación por IT en cuantía igual a la prestación por desempleo hasta que se extinga** dicha situación. Entonces pasará a la situación legal de desempleo si se da algún supuesto del art. 267.1 LGSS y percibirá, en su caso, la prestación por desempleo contributivo, que le corresponda de haberse iniciado la percepción de la misma en la fecha de extinción del contrato, o el subsidio por

---

[161] En vigor el 23 de mayo y de aplicación a partir del 1 de noviembre de 2024.

desempleo. En tal caso, se descontará del periodo de percepción de la prestación por desempleo, como consumido el tiempo que hubiera permanecido en situación de incapacidad temporal, a partir de la fecha de extinción del contrato de trabajo.

Así pues, el origen de la contingencia, común o profesional, afecta a las prestaciones y al consumo de las mismas cuando se extingue la relación laboral de las personas trabajadoras estando en situación de IT.

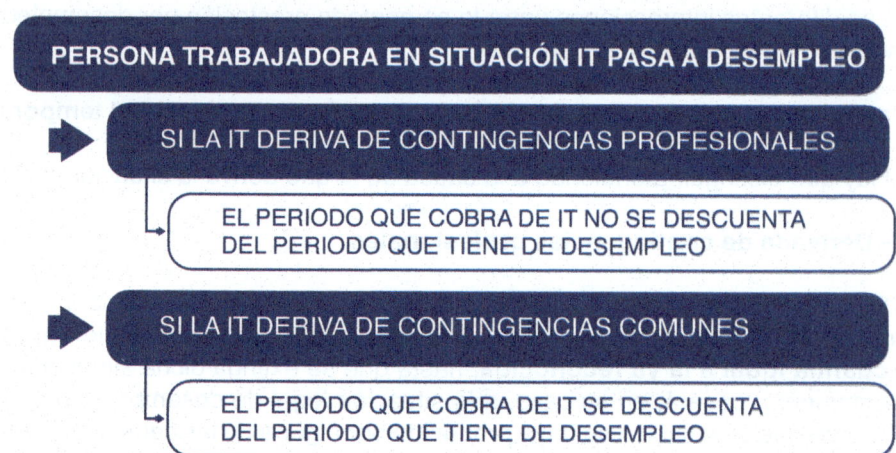

Gráfico n.º 45. Fuente: elaboración propia SEC UGT.

b) Tránsito a la IT desde una situación de desempleo

El mismo art. 283 LGSS regula las situaciones en las que se encuentra la persona trabajadora que está percibiendo la prestación por desempleo total y pasa a la situación de incapacidad temporal. En este caso, el periodo de percepción de la prestación por desempleo no se ampliará por encontrarse la persona trabajadora en situación de IT y, durante dicha situación, la entidad gestora de las prestaciones por desempleo continuará abonando las cotizaciones al INSS conforme a lo previsto en la normativa de Seguridad Social. En la situación de tránsito a la IT desde el desempleo, la regulación se construye distinguiendo 2 supuestos diferentes.

- Que la baja laboral traiga causa de una recaída de un proceso anterior

Según el art. 283.2 LGSS, cuando la persona trabajadora fija discontinua esté percibiendo la prestación de desempleo total y pase a la situación de IT que constituya recaída de un proceso anterior (iniciado durante la vigencia de un contrato de trabajo), **percibirá la prestación por esta contingencia en cuantía igual a la prestación por desempleo.** En este caso, **si la persona trabajadora continuase en situación de IT finalizado** el periodo de cobro de **desempleo, seguirá percibiendo la prestación por IT en la misma cuantía en la que la venía percibiendo.**

- Que la IT no traiga causa de una recaída de un proceso anterior

Si el nuevo proceso de baja no puede calificarse como una recaída y la persona desempleada continúa en IT, agotado el periodo de desempleo, **la cuantía del subsidio será el 80 % del IPREM mensual**, excluida la parte proporcional de pagas extras[162].

PERSONA TRABAJADORA EN DESEMPLEO PASA A SITUACIÓN DE IT

➡ **SI LA IT CONSTITUYE RECAIDA**

> COBRARÁ LA PRESTACIÓN POR IT EN CUANTÍA IGUAL A LA PRESTACIÓN POR DESEMPLEO HASTA QUE SE LE ACABE, ENTONCES SEGUIRÁ PERCIBIENDO LA PRESTACIÓN POR IT EN LA CUANTÍA DE DESEMPLEO QUE VENÍA PERCIBIENDO.

➡ **SI LA IT NO CONSTITUYE RECAIDA**

> COBRARÁ LA PRESTACIÓN POR IT EN CUANTÍA IGUAL A LA PRESTACIÓN POR DESEMPLEO HASTA QUE SE LE ACABE, ENTONCES SEGUIRÁ PERCIBIENDO LA PRESTACIÓN POR IT EN LA CUANTÍA IGUAL AL 80 % DEL IPREM MENSUAL, EXCLUIDA LA PARTE PROPORCIONAL DE PAGAS EXTRAS.

Gráfico n.º 46. Fuente: elaboración propia SEC UGT.

---

[162] STS de 22 de noviembre de 2007, rec. 467/2007.